초등부터 중등까지 **한 권**으로 끝내는

엔트리와
40개의 작품들

동영상 강의보며 혼자 학습 ok!
학교/학원/방과 후 코딩 교재로 ok!

초등부터 중등까지 **한 권**으로 끝내는

엔트리와
40개의 작품들 **2판** 최신개정판

초판 1쇄 발행 | 2023년 01월 10일
2판 1쇄 발행 | 2024년 06월 30일

지은이 | 전진아, 김수연 공저
펴낸이 | 김병성
펴낸곳 | 앤써북

출판사 등록번호 | 제 382-2012-0007 호
주소 | 경기도 파주시 탄현면 방촌로 548
전화 | 070-8877-4177
FAX | 031-942-9852
도서문의 | 앤써북 http://answerbook.co.kr

ISBN | 979-11-93059-31-9 13000

- 이 책의 일부 혹은 전체 내용을 무단 복사, 복제, 전재하는 것은 저작권법에 저촉됩니다.
- 본문 중에서 일부 인용한 모든 프로그램은 각 개발사(개발자)와 공급사에 의해 그 권리를 보호합니다.
- 앤써북은 독자 여러분의 의견에 항상 귀기울이고 있습니다.

[안내]
- 이 책은 다양한 전자 부품을 활용하여 예제를 실습할 수 있습니다. 단, 전자 부품을 잘못 사용할 경우 파손 외 2차적인 피해가 발생할 수 있으니, 실습 시 반드시 책에서 표시된 내용을 준수하여 사용해야 함을 고지합니다.
- 이 책에 내용을 기반으로 실습 및 운용 결과에 대해 저자, 소프트웨어 개발자 및 제공자, 앤써북 출판사, 서비스 제공자는 일체의 책임지지 않음을 안내드립니다.
- 이 책에 소개된 회사명, 제품명은 각 회사의 등록 상표 또는 상표이며 본문 중 TM, ©, ® 마크 등을 생략하였습니다.
- 이 책은 소프트웨어, 플랫폼, 서비스 등은 집필 당시 신 버전으로 설명하였습니다. 단, 독자의 학습 시점에 따라 책의 내용과 일부 다를 수 있습니다.

[저작권 안내]

엔트리는 네이버 커넥트 재단에서 만든 비영리 소프트웨어 교육플랫폼입니다.
본 책은 엔트리에서 제공하는 로고와 캐릭터를 사용하여 제작하였습니다.
이 책의 표지 및 본문 그리고 책의 부속물인 동영상에 사용된 엔트리 오브젝트, 블록 이미지의 저작권은 네이버 커넥트 재단에 있음을 안내드립니다.

Copyright © NAVER Connect Foundation, Some Rights Reserved

Preface
머리말

우리는 일상생활 속에서 많은 SW를 이용하고 있습니다. SW를 만들기 위한 코딩은 컴퓨터와 대화할 수 있는 방법이고, 코딩을 통해 상상하는 많은 것을 이뤄낼 수 있습니다. 코딩은 미래의 프로그래머를 꿈꾸는 아이들에게만 필요한 것이 아니라, 디지털 시대를 살아가는 우리 모두의 기초 교육입니다.

코딩은 전문 기술을 배우기 위한 도구가 아니라 과정을 통해 생각하는 방법을 습득하고 좀 더 쉽고 재미있게 자신의 생각을 구체적이고 논리적으로 표현해내는 방법을 찾아내는 경험을 갖게 하는 것입니다.

엔트리와 40개의 작품들은 스스로 계획하고 코딩할 수 있는 기회를 제공합니다.
[코딩 어렵지 않아]로 프로그래밍의 알고리즘 구조와 기초를 배우고 [코딩 날개 달기]로 아! 코딩을 이렇게 활용할 수 있구나 흥미를 느끼고 자신감을 얻을 수 있습니다. [더 나은 세상을 위한 코딩]으로 함께 더불어 행복한 세상을 만들기 위한 고민도 할 수 있습니다. [나를 위한 인공지능]으로 기존의 블록코딩에서 인공지능을 활용한 코딩까지 경험할 수 있습니다. [사고력UP 자기주도 게임만들기]로 아이디어를 떠올리며 창의력도 기르며 내가 직접 게임도 만들며 놀 수 있습니다.

우리 아이들이 갖고 있는 지능은 많은 경험과 학습을 통해 끊임없이 발전하고 스스로 진화합니다. 엔트리 코딩을 통해 재미를 느끼고 자신감 있는 자신을 찾을 수 있길 기대합니다.

이 책은 스스로 코딩 공부하고 싶은 아이들을 위해, 다양한 작품으로 아이들에게 상상력과 수학적 사고력, 창의력을 가르치고 싶은 선생님들을 위해, 미래에 필요한 핵심 역량인 소프트웨어 활용 능력과 문제해결 능력을 키워주고 싶은 부모님들께 도움을 주었으면 좋겠습니다.

전진아, 김수연

Reader Support Center
독자 지원 센터

독자 지원 센터는 이 책을 보는데 필요한 책 소스 파일, 독자 문의 등을 지원합니다.

책 소스 및 프로젝트 파일

이 책과 관련된 실습 소스 및 프로젝트 파일은 앤써북 카페(answerbook.co.kr)의 [도서별 독자 지원 센터]-[한 권으로 끝내는 엔트리와 40개의 작품들] 게시판을 클릭합니다. 4841번 "〈한 권으로 끝내는 엔트리와 40개 작품들〉 책 소스입니다." 게시글을 클릭한 후 안내에 따라 다운로드 받으시면 됩니다.

▶ 앤써북 공식 네이버 카페 https://cafe.naver.com/answerbook
▶ 책 소스 다운로드 전용게시판 바로가기 https://cafe.naver.com/answerbook/4841

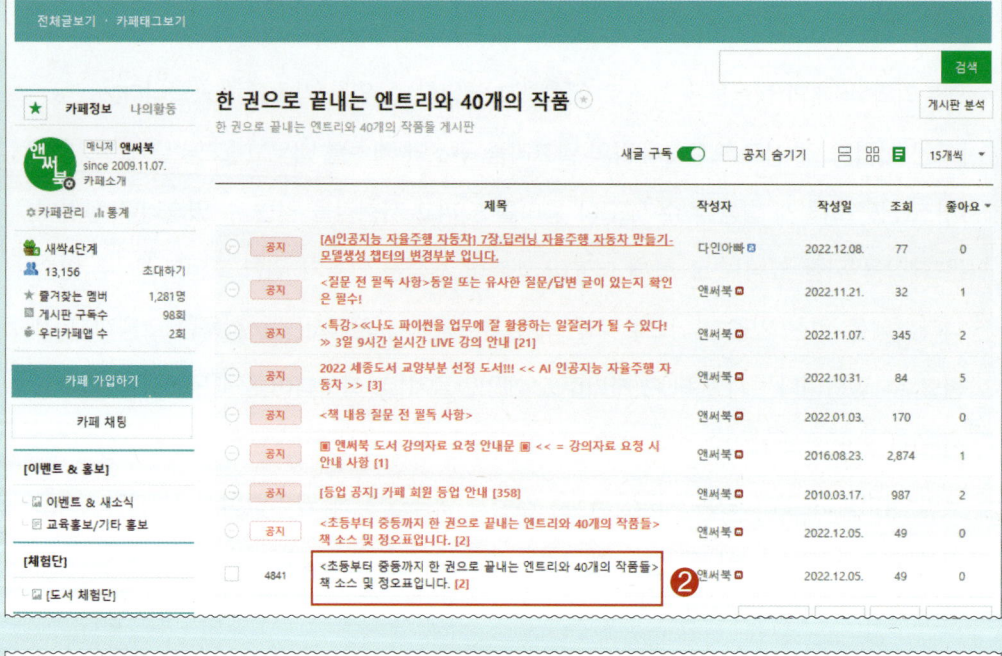

앤써북 공식 체험단

앤써북에서 출간되는 도서와 키트 등 신간 책을 비롯하여 연관 상품을 체험해 볼 수 있습니다. 체험단은 수시로 모집하기 때문에 앤써북 카페 공식 체험단 게시판에 접속한 후 "즐겨찾기" 버튼(❶)을 눌러 [채널 구독하기] 버튼(❷)을 눌러 즐겨찾기 설정해 놓으면 새로운 체험단 모집 글을 메일로 자동 받아보실 수 있습니다.

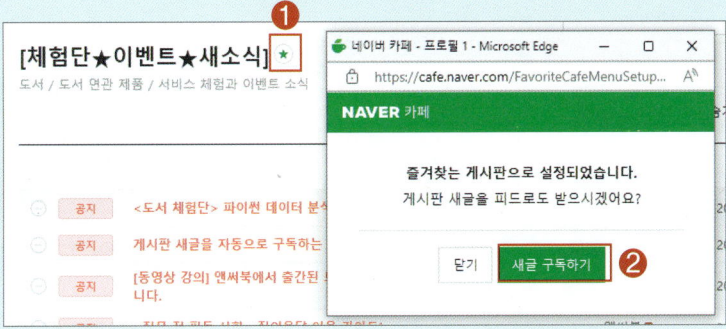

▶ 앤써북 카페 공식 체험단 게시판 https://cafe.naver.com/answerbook/menu/150

▲ 체험단 바로가기 QR코드

저자 강의 안내

앤써북에서 출간된 책 관련 주제의 온·오프라인 강의는 특강, 유료 강의 형태로 진행될 예정입니다. 강의 관련해서는 아래 게시판을 통해서 확인해주세요. "앤써북 저자 강의 안내 게시판"을 통해서 앤써북 저자들이 진행하는 다양한 온·오프라인 강의를 확인할 수 있습니다.

▶ 앤써북 강의 안내 게시판 https://cafe.naver.com/answerbook/menu/144

▲ 저자 강의 안내 게시판 바로가기 QR코드

이 책의 작품 미리보기

작품 1 토끼와 거북이의 인사

작품 2 계란이 떨어진다면

작품 3 종이 접기

작품 4 물고기를 잡아요

작품 5 달에 집을 지어요

작품 6 열려라 참깨

작품 7 우리반 평균키 구하기

작품 8 학교종이 땡땡땡

작품 9 MC꿈나무 멋진 나를 봐

작품 10 손오공 분신술을 보여줘

작품 11 우주 강국 대한민국 우주쇼

작품 12 나의 명령을 따라 그리시오

작품 13 미로에서 잃어버린 돈 찾기

작품 14 서프라이즈 생일 파티

작품 15 락커와 함께 한국 무용수의 공연

작품 16 배경을 움직여 강아지 산책시키기

작품 17 배경을 움직여 우주 여행하기

작품 18 보물을 찾아 탐험을 떠나요

작품 19 엔트리 봇 아바타 꾸미기

작품 20 이상형 얼굴찾기

작품 21 우리나라 지역별 온도정보 표시하기

작품 22 물주며 나무키우기

작품 23 자연보호! 꽃을 밟으면 안돼요!

작품 24 지구를 지켜라! 빙하가 녹고 있어요

작품 25 다시돌아온 물고기(물 속 쓰레기 줍기)

작품 26 페트병을 주우면 나무를 심어줘요

작품 27 AI 음성으로 쓰는 일기장

작품 28 AI 웃으면 복이 와요

이 책의 작품 미리보기

작품 29 — AI 손인식 로봇만들기

작품 30 — AI 내가 만든 구구단 퀴즈 프로그램

작품 31 — AI 나만의 번역 단어장 만들기

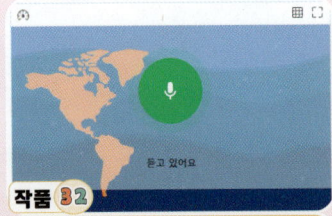
작품 32 — AI 세계대륙 이름 맞추기

작품 33 — AI 소리로 태양 피하기 게임

작품 34 — AI 응급처치 챗봇

작품 35 — GAME 고스트를 잡아라

작품 36 — GAME 세계 수도 맞추기

작품 37 — GAME 내가 만든 야구게임

작품 38 — GAME 과일 핑퐁게임

작품 39 — GAME 사자성어 이어 말하기

작품 40 — GAME 바이러스 퇴치하는 축구왕

PART 00
엔트리와 인공지능 기초

1 엔트리 시작하기 — 018

엔트리란? • 018
엔트리 접속하고 회원 가입하기 • 020
엔트리 [작품 만들기] 화면 구성 살펴보기 • 023

2 인공지능 이해하기 — 029

인공지능이란? • 029
인공지능은 어떻게 만드나요? • 029
우리의 삶 속에 존재하는 다양한 인공지능 • 031
엔트리로 배우는 인공지능 & 데이터 과학 • 031

PART 01
코딩! 어렵지 않아

순차구조란? — 034

작품 1 토끼와 거북이의 인사 — 035

작품 미리보기 • 035   작품 만들기 • 036

Contents
목차

선택구조란? 040

작품 2 계란이 떨어진다면 041

    작품 미리보기 • 041   작품 만들기 • 042

반복구조란? 048

작품 3 종이접기 049

    작품 미리보기 • 049   작품 만들기 • 050

변수란? 054

작품 4 물고기를 잡아요 055

    작품 미리보기 • 055   작품 만들기 • 056

신호란? 060

작품 5 달에 집을 지어요 061

    작품 미리보기 • 061   작품 만들기 • 062

입출력이란? 066

작품 6 열려라 참깨 067

    작품 미리보기 • 067   작품 만들기 • 068

리스트란? 072

작품 7 우리반 평균키 구하기 073

    작품 미리보기 • 073   작품 만들기 • 074

함수란? 078

작품 8 학교종이 땡땡땡 079

    작품 미리보기 • 079   작품 만들기 • 080

Contents
목차

PART 02 코딩 날개달기

작품 9 MC 꿈나무 멋진 나를 봐 ... 086
작품 미리보기 • 086　　작품 만들기 • 087

작품 10 손오공 분신술을 보여줘 ... 090
작품 미리보기 • 090　　작품 만들기 • 091

작품 11 우주 강국 대한민국 우주 쇼 ... 094
작품 미리보기 • 094　　작품 만들기 • 095

작품 12 나의 명령을 따라 그리시오 ... 099
작품 미리보기 • 099　　작품 만들기 • 100

작품 13 미로에서 잃어버린 돈 찾기 ... 106
작품 미리보기 • 106　　작품 만들기 • 107

작품 14 서프라이즈 생일 파티 ... 112
작품 미리보기 • 112　　작품 만들기 • 113

작품 15 락커와 함께 한국 무용수의 공연 ... 116
작품 미리보기 • 116　　작품 만들기 • 117

Contents
목차

작품 16 배경을 움직여 강아지 운동시키기 ～～～～～～ 121
　　작품 미리보기 • 121　　작품 만들기 • 122

작품 17 배경을 움직여 우주 여행하기 ～～～～～～ 126
　　작품 미리보기 • 126　　작품 만들기 • 127

작품 18 보물을 찾아 탐험을 떠나요 ～～～～～～ 131
　　작품 미리보기 • 131　　작품 만들기 • 132

작품 19 엔트리 봇 아바타 꾸미기 ～～～～～～ 136
　　작품 미리보기 • 136　　작품 만들기 • 137

작품 20 이상형 얼굴 찾기 ～～～～～～ 143
　　작품 미리보기 • 143　　작품 만들기 • 144

작품 21 우리나라 지역별 온도정보 표시하기 ～～～～～～ 149
　　작품 미리보기 • 149　　작품 만들기 • 150

Contents
목차

더 나은 세상을 위한 코딩

작품 22 물 주며 나무 키우기 ······ 158
　작품 미리보기 • 158　　작품 만들기 • 159

작품 23 자연보호! 꽃을 밟으면 안돼요! ······ 162
　작품 미리보기 • 162　　작품 만들기 • 163

작품 24 지구를 지켜라! 빙하가 녹고 있어요! ······ 168
　작품 미리보기 • 168　　작품 만들기 • 169

작품 25 다시 돌아온 물고기(물 속 쓰레기 줍기) ······ 174
　작품 미리보기 • 174　　작품 만들기 • 175

작품 26 페트병을 주우면 나무를 심어줘요 ······ 180
　작품 미리보기 • 180　　작품 만들기 • 181

Contents
목차

나를 위한 인공지능

작품 27 AI 음성으로 쓰는 일기장 ……… 188
　작품 미리보기 • 188　　작품 만들기 • 189

작품 28 AI 웃으면 복이와요. ……… 192
　작품 미리보기 • 192　　작품 만들기 • 193

작품 29 AI 손인식 로봇 만들기 ……… 196
　작품 미리보기 • 196　　작품 만들기 • 197

작품 30 AI 내가 만든 구구단 퀴즈 프로그램 ……… 202
　작품 미리보기 • 202　　작품 만들기 • 203

작품 31 AI 나만의 번역 단어장만들기 ……… 208
　작품 미리보기 • 208　　작품 만들기 • 209

작품 32 AI 세계대륙 이름 맞추기 ……… 214
　작품 미리보기 • 214　　작품 만들기 • 215

작품 33 AI 소리로 태양 피하기 게임 ……… 220
　작품 미리보기 • 220　　작품 만들기 • 221

작품 34 AI 응급처치 챗봇 ……… 227
　작품 미리보기 • 227　　작품 만들기 • 228

사고력 UP 자기주도 게임 만들기

작품 35 GAME 고스트를 잡아라 ·············· 236
  작품 미리보기 · 236   작품 만들기 · 237

작품 36 GAME 세계 수도 맞추기 ·············· 242
  작품 미리보기 · 242   작품 만들기 · 243

작품 37 GAME 내가 만든 야구 게임 ·············· 246
  작품 미리보기 · 246   작품 만들기 · 247

작품 38 GAME 과일 핑퐁 게임 ·············· 252
  작품 미리보기 · 252   작품 만들기 · 253

작품 39 GAME 사자성어 이어말하기 ·············· 260
  작품 미리보기 · 260   작품 만들기 · 261

작품 40 GAME 바이러스 퇴치하는 축구왕 ·············· 269
  작품 미리보기 · 269   작품 만들기 · 270

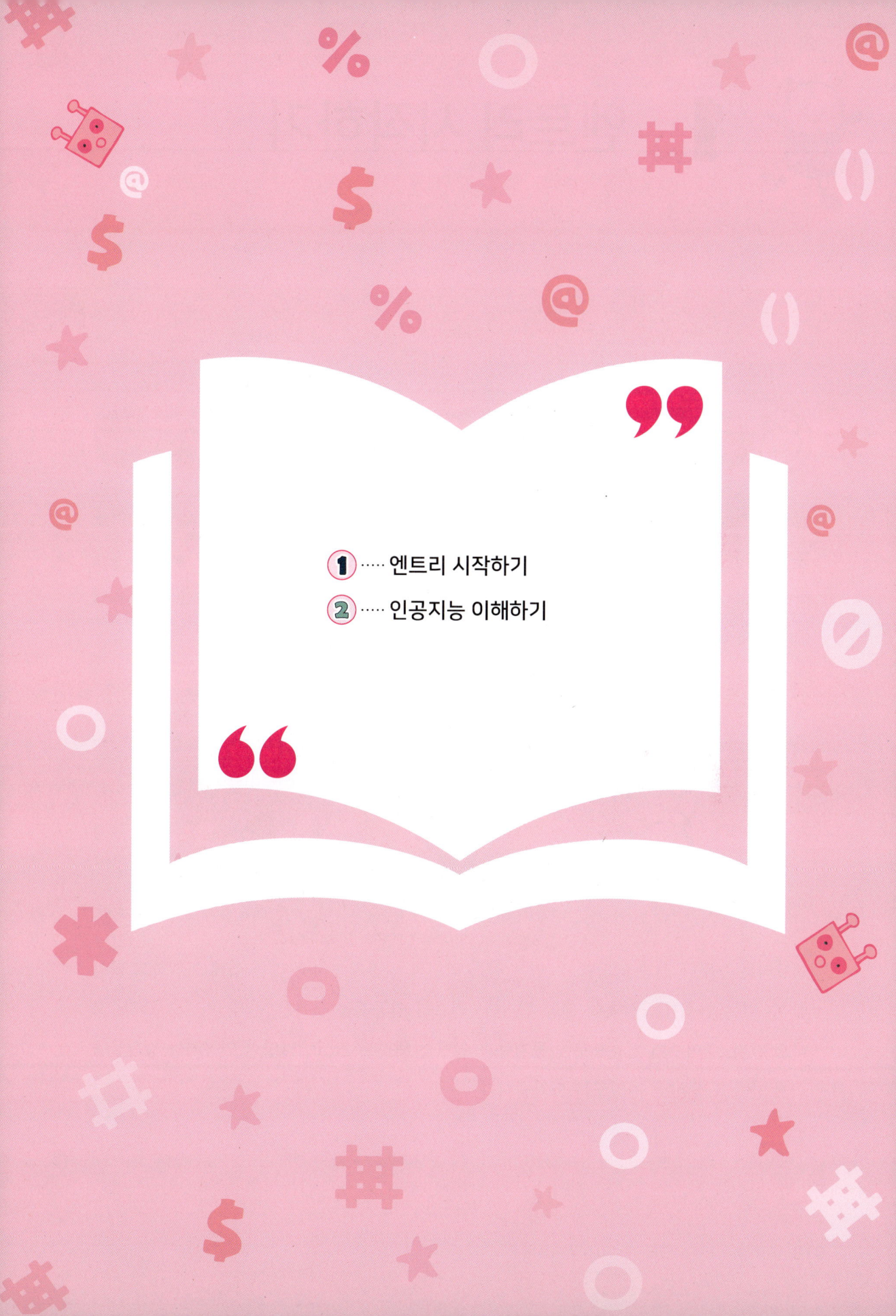

1 ····· 엔트리 시작하기
2 ····· 인공지능 이해하기

1 엔트리 시작하기

엔트리란?

엔트리(Entry)는 네이버 커넥트 재단에서 운영하는 비영리 교육 플랫폼이며 소프트웨어를 통해 미래를 꿈꾸고 함께 성장하도록 돕는 창작 플랫폼입니다. 모든 저작물은 교육 목적에 한해 출처를 밝히고 자유롭게 이용할 수 있습니다. 엔트리는 소프트웨어 교육을 누구나 쉽게 무료로 받을 수 있도록 개발된 교육용 프로그래밍 언어입니다.

생각하기
소프트웨어를 통해 넓은 세상을 만나고 자신의 재능도 발전할 수 있습니다. 인공지능과 데이터 분석까지 미래 기술을 만나 볼 수 있습니다.

만들기
블록 코딩을 통해 상상하던 게임, 예술 작품, 생활 도구 등을 직접 만들어 볼 수 있습니다.

공유하기
내 작품으로 많은 친구들을 만나고 이야기를 나눠 보세요. 끝없이 펼쳐진 작품들을 보며 영감을 얻을 수도 있습니다.

◆ 출처 : 엔트리 홈페이지

엔트리는 누구나 쉽게 코딩할 수 있는 블록 코딩과 인공지능의 원리를 쉽게 이해하고 활용할 수 있는 인공지능 블록이 제공 됩니다. 엔트리 인공지능 블록은 번역, 비디오 감지, 오디오 감지, 읽어주기 기능으로 인공지능과 쉽게 친해질 수 있고, 다양한 인공지능 창작물을 쉽게 만들고 경험할 수 있도록 도와줍니다.

인공지능 모델 학습은 이미지, 텍스트, 음성, 숫자 등 여러 유형의 데이터를 이용하여 직접 인공지능 모델 학습시키는 경험을 할 수 있고 인공지능의 원리를 쉽게 이해 할 수 있도록 도와줍니다.

이 책은 초등부터 중등까지 엔트리를 시작하는 학생부터 응용하여 자신의 작품을 만들고 싶은 학생들을 위한 책입니다. 엔트리로 만들 수 있는 다양한 작품을 '상상하기, 작품 계획하기, 알고리즘 구조를 이용하며 프로그래밍하기'처럼 스스로 재미있게 학습할 수 있도록 도와줍니다.

 ## 엔트리 접속하고 회원 가입하기

엔트리는 온라인 버전과 내 컴퓨터에 다운 받아 사용할 수 있는 오프라인 버전이 있습니다. [인공지능 활용 블록]은 인터넷이 연결되어 있어야 정상적으로 동작하고, [인공지능 모델 학습하기]는 온라인 버전에서만 사용 가능하므로 우리는 온라인 버전으로 학습하겠습니다.

[인공지능 모델 학습하기]는 ⊙ 크롬 브라우저 사용을 권장합니다. 다른 브라우저에는 동작하지 않거나, 모델 학습 속도가 (상상 이상으로) 느릴 수 있기 때문에 접속 시 브라우저는 크롬 사용을 권장합니다.

01 크롬 주소창에서 엔트리 홈페이지 주소를 입력하고 접속합니다.
- https://playentry.org/

02 엔트리 회원 가입하기 위해 [로그인] 버튼을 누릅니다.

엔트리는 회원 가입하지 않아도 누구나 무료로 이용할 수 있지만, 엔트리를 더욱 편하게 즐기기 위해서는 회원 가입을 하는 것이 좋습니다. 회원 가입을 하면 내가 만든 작품을 저장할 수 있고 언제 어디서든 로그인하여 사용 할 수 있습니다.

03 로그인 화면 아래 [회원 가입하기] 버튼을 누릅니다.
필수 항목인 이용약관, 개인정보 수집 이용 동의를 체크한 후 회원 가입을 진행합니다.

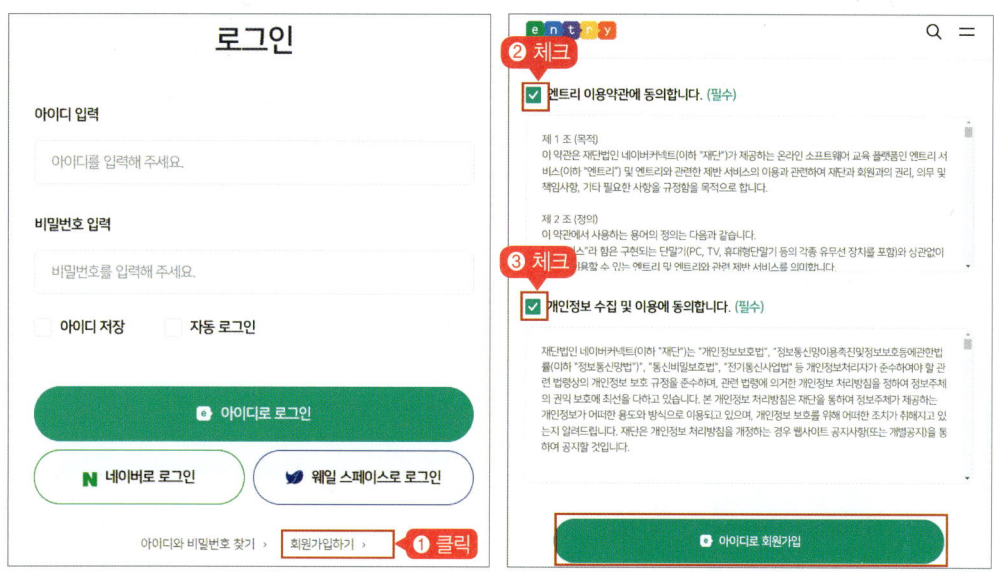

04 아이디와 비밀번호를 입력한 후 다음을 클릭합니다.
회원 유형, 성별, 닉네임, 작품 공유 학년 [필수] 항목을 체크합니다. 이메일은 [필수] 항목은 아니지만, 비밀번호를 잊어버린 경우 이메일로 비밀번호를 찾을 수 있기 때문에 이메일도 입력하고 [확인] 버튼을 클릭합니다.

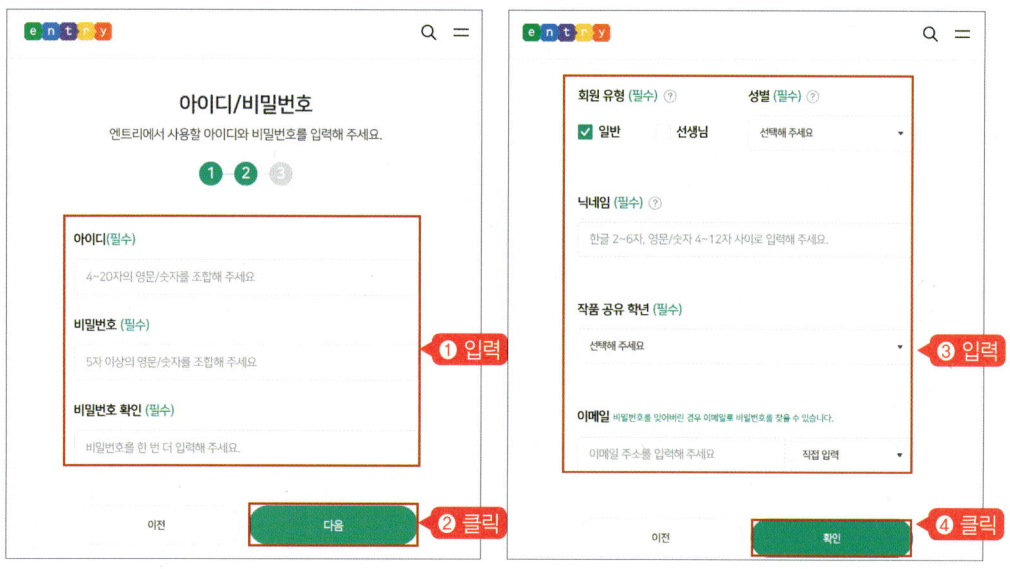

05 엔트리 회원 가입이 정상적으로 완료되었습니다. 입력한 이메일 주소를 방문하여 엔트리 가입 이메일 주소를 인증합니다.

 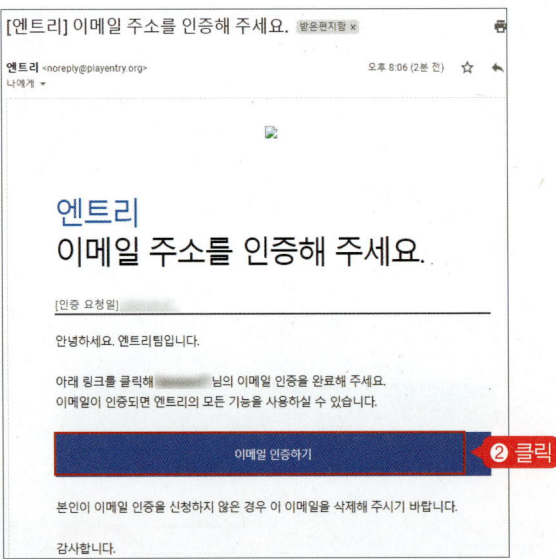

06 엔트리 홈페이지에 접속하여 로그인 합니다.

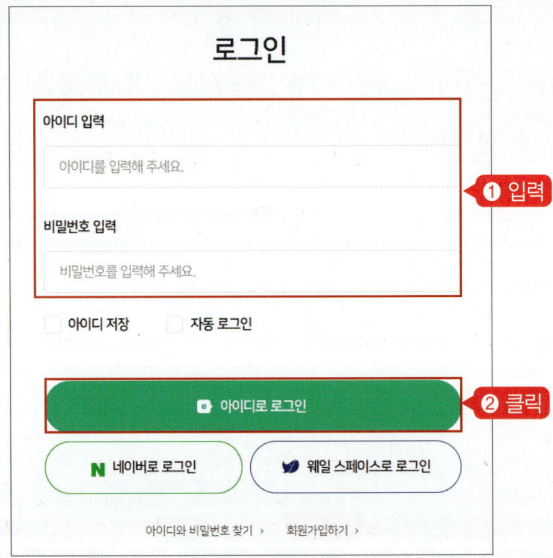

07 엔트리 홈페이지의 오른쪽 위 엔트리 얼굴을 클릭합니다. 내가 만든 닉네임, 마이페이지 등이 보이면 로그인이 성공입니다.

 엔트리 [작품 만들기] 화면 구성 살펴보기

엔트리 메인 화면에서 [만들기]-[작품 만들기]를 클릭하면 엔트리 작업 화면으로 이동합니다.

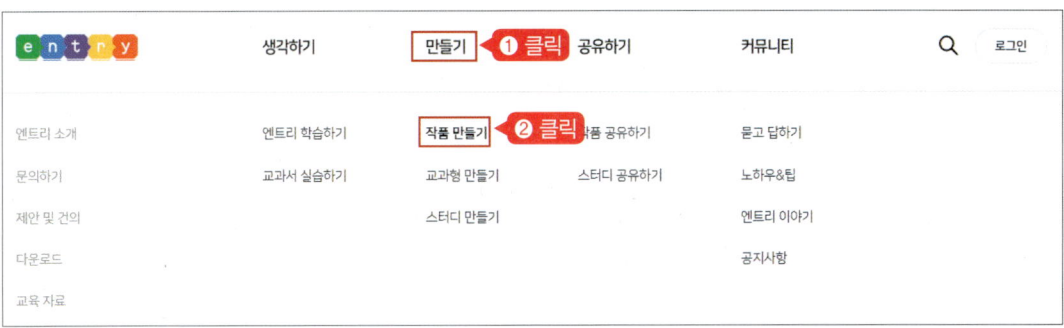

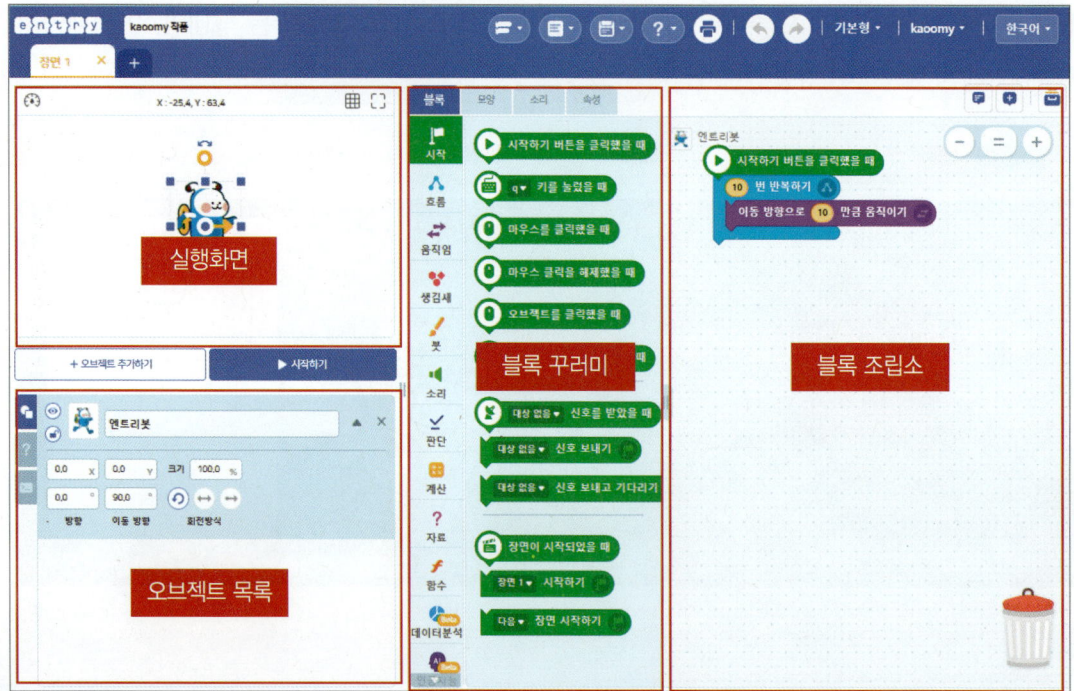

◇ 상단 메뉴

❶ entry : 엔트리 메인페이지로 이동합니다.

❷ yymmdd_kawoomy 작품 : 작품의 이름을 저장합니다. 기본적으로 [yymmdd_ID 작품] 날짜와 "ID 작품"으로 작품 이름이 자동 작성되어 있습니다. 클릭하여 다른 이름으로 변경할 수 있습니다.

❸ : 블록코딩과 파이썬 언어를 선택할 수 있습니다.

❹ : 작품을 새로 만들거나 저장한 작품, 오프라인 작품을 불러옵니다.

❺ : 현재 작품을 저장하기, 복사본으로 저장하기, 내 컴퓨터에 저장할 수 있습니다.

❻ : 블록 도움말은 블록에 대한 설명이 나타납니다. 엔트리 위키는 개발자, 사용자 가이드 사이트로 연결됩니다.

❼ : 작품에 쓰인 모든 오브젝트와 코드를 정리한 페이지를 보여줍니다.

❽ : 진행 중인 작업을 바로 이전으로 되돌리거나, 바로 이후로 복구시킬 수 있습니다.

❾ 기본형 : 작품을 기본형 / 교과형으로 선택할 수 있습니다.

❿ 한국어 : 한국어/영어 언어를 변경할 수 있습니다.

◇ 실행 화면

❶ 　 속도 조절 　 : 작품이 실행되는 속도를 조절할 수 있습니다. 다섯 단계로 조절 가능하며, 오른쪽으로 갈수록 빨라집니다.

❷ 　 [모눈종이] : 실행 화면 위에 좌표가 표시되도록 합니다. 실행 화면은 x축(가로축) 방향으로 －240 ∼ 240, y축(세로축) 방향으로 －135 ∼ 135로 이루어져 있습니다.

❸ 　 [전체 화면] : 작품을 전체화면으로 크게 볼 수 있습니다.

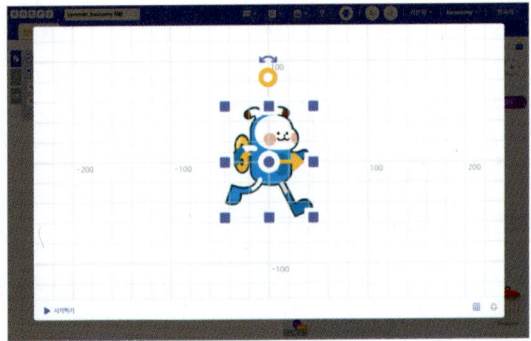

Part 01_엔트리와 인공지능 기초 **025**

❹ [오브젝트 추가하기] : 새로운 오브젝트를 추가할 수 있습니다. 배경, 캐릭터, 글상자를 추가할 수 있고, 이미지 파일을 올리거나 그릴 수 있습니다.

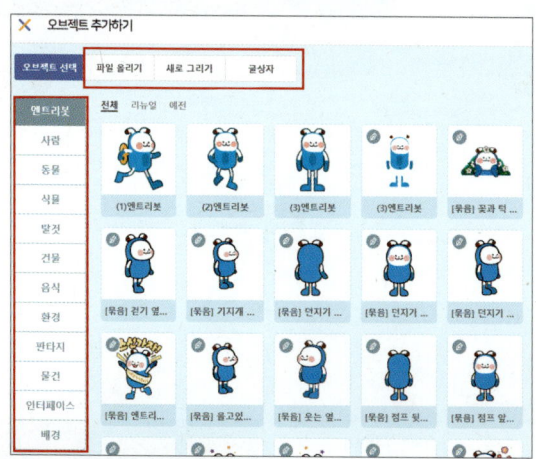

❺ [시작하기] : 블록 조립소의 조립한 명령에 따라 작품의 실행을 시작하거나 정지합니다.

◇ 오브젝트 목록

실행 화면에 추가 된 오브젝트를 확인 할 수 있습니다.

❶ : 오브젝트의 정보들을 직접 입력하고 수정할 수 있습니다.

❷ [삭제] : 오브젝트를 삭제할 수 있습니다.

❸ [오브젝트 정보] : 오브젝트의 x, y좌표 값, 크기, 방향, 이동방향 및 회전방식의 오브젝트 정보들을 보여주고 수정 할 수 있습니다.

◇ 블록 꾸러미

블록 꾸러미는 블록, 모양, 소리, 속성의 네 가지 탭으로 이루어져 있습니다.

❶ 블록 탭 : 오브젝트를 움직일 수 있는 다양한 명령어 블록들이 있는 탭입니다. 시작, 흐름, 움직임, 인공지능 등 14개 카테고리에 다양한 블록들이 있습니다. 이 블록들을 블록 조립소로 끌어와 조립하여 코드를 완성합니다.

❷ 모양 탭 : 오브젝트의 모양을 추가하거나 이름을 수정하고 복제하는 등의 작업을 진행하는 탭입니다.

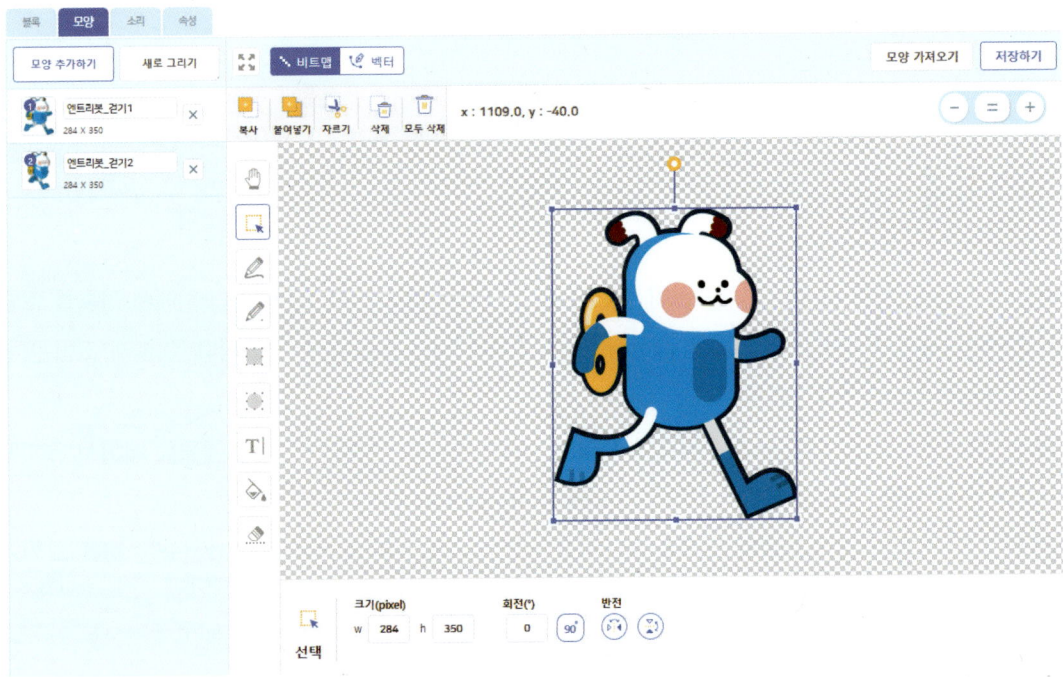

❸ 소리 탭 : 오브젝트가 사용할 소리를 관리하는 탭입니다. 새롭게 소리를 추가할 수도 있고, 이미 추가된 소리들을 재생 버튼을 이용해서 바로 들어볼 수도 있습니다.

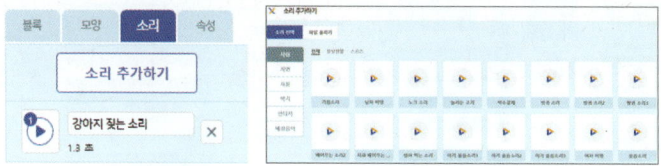

❹ 속성 탭 : 코드에 관여하는 변수나 신호, 리스트, 함수를 추가하는 탭입니다.

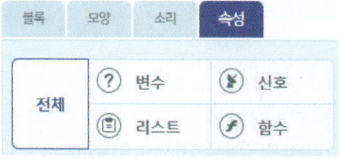

◇ 블록 조립소

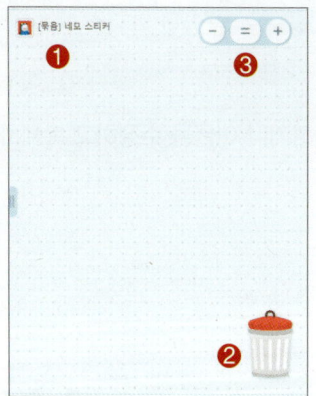

❶ 오브젝트명: 왼쪽 위에 오브젝트명이 보입니다. 오브젝트 별로 각각 [블록 조립소]에서 블록을 조립합니다. [블록 꾸러미]에서 블록을 끌어와 [블록 조립소]에서 조립할 수 있습니다. 이렇게 조립된 블록 묶음을 [코드] 라고 합니다.

❷ 🗑 [휴지통] : 필요 없는 블록을 삭제할 수 있는 아이콘입니다. 삭제하고 싶은 블록을 떼어서 휴지통으로 끌고 오면, 휴지통 뚜껑이 열리면서 블록이 삭제됩니다.

❸ 블록 크기 조절 : [-]는 블록 크기가 작아지고 [=]는 100%(기본 크기)로 보이고 [+]는 블록 크기가 커집니다.

인공지능 이해하기

 인공지능이란?

우리 삶 속에서 다양하게 활용되고 있는 인공지능은 기계가 인간의 지능적인 행위를 흉내 낼 수 있도록 만든 소프트웨어 시스템을 말합니다.

인공지능(Artificial Intelligence) 시스템은 스스로 판단하고 수집한 정보를 토대로 자체 성능을 반복적으로 개선할 수 있도록 구현된 프로그램 기술입니다. 빅데이터와 고성능 컴퓨팅 시스템을 기반으로 인공지능은 급속도로 발전하고 있습니다.

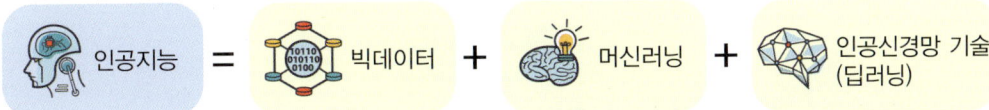

 인공지능은 어떻게 만드나요?

인간은 다양한 경험과 시행착오를 통해 지식을 배우게 됩니다. 이렇게 인간이 지식을 습득하는 방법처럼 컴퓨터가 스스로 대량의 데이터로부터 지식이나 패턴을 찾아 학습하고 예측을 수행하는 것을 '머신러닝'이라고 합니다. 인간의 뇌를 모방한 인공신경망을 머신러닝 기술에 적용한 것을 '딥러닝'이라고 합니다.

인공지능	머신러닝	딥러닝
인간이 가진 능력을 컴퓨터를 통해 구현하는 기술 	컴퓨터 스스로가 학습하여 성능을 향상시키는 방법 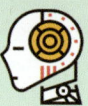	인간의 신경망과 비슷한 방식으로 정보를 처리 이미지, 영상, 음성, 텍스트, 소리 등 파장형 데이터,인지 관련 문제

데이터베이스, 레코드 파일, 엑셀 파일 등 정형데이터, 분류 예측문제

인공지능을 학습시키는 방식은 크게 세 가지로 분류합니다.

- **지도학습** : 정답의 예시를 알려주고, 예시에서 찾은 특징으로 새로운 데이터를 분류하거나 예측하는 방식입니다. 엔트리의 모델 학습 중 분류, 예측 모델이 지도학습에 해당됩니다.
- **비지도학습** : 정답을 정하지 않아도 데이터를 주면 비슷한 특징을 찾고, 다시 그 특징을 기준으로 새로운 데이터가 어떤 데이터인지를 알아내는 방식입니다. 예를 들어, '사과'가 무엇인지 알려주지 않아도 사과의 특징을 학습할 수 있습니다. 엔트리의 모델 학습 중 군집모델이 비지도학습에 해당됩니다.
- **강화학습** : 정답을 정하지 않고, 특정한 환경과 최소한의 조건에서 학습한 결과가 좋으면 보상을, 나쁘면 벌을 주며 점점 좋은 결과를 이끌도록 강화하는 방식입니다. 그 유명한 바둑 인공지능 '알파고'가 강화 학습으로 탄생했습니다.

 ## 우리의 삶 속에 존재하는 다양한 인공지능

건물 출입을 위해 열화상카메라로 체온을 측정하며 얼굴인식과 마스크 착용 여부를 감지해 내는 인공지능을 접하고 있으며, 매일 사용하는 스마트폰에서는 얼굴ID인식, 패턴을 학습해서 배터리를 절약하거나, '유튜브' 알고리즘에 의해 여러분이 좋아할 만한 영상을 계속 추천받고 있습니다. 네이버 '클로바', '구글 어시스턴트', '애플 시리', '카카오 미니' 등의 인공지능(스피커)과 소통하기도 합니다.

 ## 엔트리로 배우는 인공지능 & 데이터 과학

이렇게 우리 일상에 가까이 있으면서 우리를 편리하게 해주는 인공지능을 엔트리에서 체험하고 활용해 볼 수 있습니다.

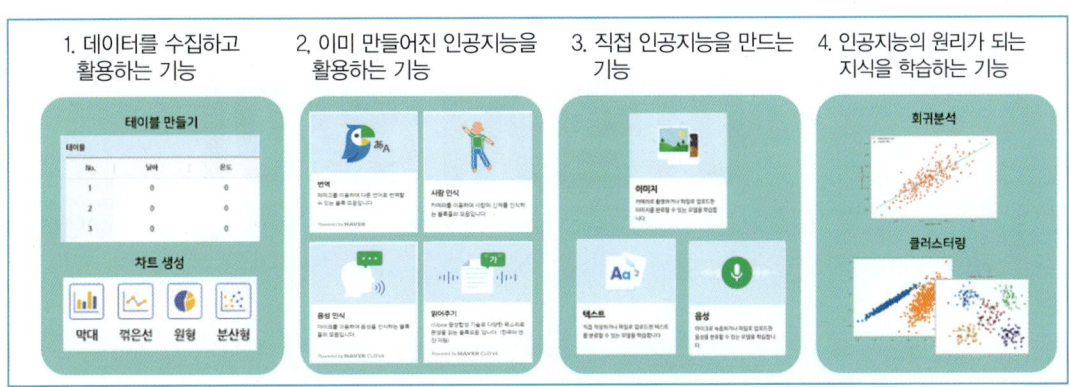

※ 모든 인공지능 블록은 인터넷 연결이 필요합니다.

작품 1 ···· [순차구조] 토끼와 거북이의 인사
작품 2 ···· [선택구조] 계란이 떨어진다면
작품 3 ···· [반복구조] 종이접기
작품 4 ···· [변수] 물고기를 잡아요
작품 5 ···· [신호] 달에 집을 지어요
작품 6 ···· [입출력] 열려라 참깨
작품 7 ···· [리스트] 우리반 평균키 구하기
작품 8 ···· [함수] 학교종이 땡땡땡

프로그래밍 개념 알아보기

순차구조란?

순차 구조는 명령을 하나 처리한 후 다음 명령을 차례대로 수행하는 프로그램을 만드는데 가장 기본이 되는 구조입니다. 대부분의 프로그래밍 언어는 위쪽에서부터 순서대로 실행됩니다. 순차구조는 '순차적'으로 명령을 처리하기 때문에 순서가 바뀌면 결과가 완전히 다르게 됩니다. 따라서 명령의 중요도를 파악하고 우선순위를 잘 결정해 주어야 합니다.

실생활에서의 순차 구조를 찾아보아요.

아침에 등교 준비하는 과정을 순차 구조로 표현하면 다음과 같습니다.

`아침 7시에 일어납니다.` → `세수를 합니다.` → `아침밥을 먹습니다.` → `이를 닦습니다.` → `학교를 걸어 갑니다.`

잠자기 전에 하는 과정을 순차 구조로 표현해 보세요.

작품 1 토끼와 거북이의 인사

 학습 목표 토끼와 거북이의 인사하는 과정을 통해 순차구조를 이해하는 작품을 만들어 봅시다.
- 프로그래밍의 기본 구조인 순차를 이해할 수 있습니다.

핵심기능 순차　　　　　　　　　　　　　　　　　레벨 ★☆☆☆☆

PART 01

 **작품 미리보기**　　QR 코드 　링크 주소 :
https://youtu.be/w0CnpoduPdc

작품 계획하기

1단계 거북이는 토끼를 만나 인사합니다.

2단계 토끼는 거북이의 인사를 듣고, 대답합니다. 서로 대화를 주고 받기 위해 [~초 기다리기] 블록을 사용합니다.

Part 01_코딩 어렵지 않아　035

 **작품 만들기** ◆ 완성 파일 : 토끼와 거북이의 인사.ent

함께 만드는 강의QR 코드

링크 주소 : https://youtu.be/okfrETHiZ3c

🐰 오브젝트 추가하기

1️⃣ 오브젝트 목록 창에서 엔트리봇 오브젝트의 ✕ 를 눌러 삭제합니다.

 버튼을 클릭합니다. [배경] 꾸러미에서 [토끼와거북이] 오브젝트를 선택하여 오브젝트 리스트에 추가합니다.

※ 오브젝트는 ㄱ ㄴ ㄷ 순서로 정렬되어 있습니다.

오브젝트를 검색하여 추가해 봅니다.

검색 칸에 `토끼` 를 쓰고 🔍 버튼을 클릭하여 검색합니다. [토끼] 오브젝트를 선택합니다.

검색 칸에 `거북이` 를 쓰고 🔍 버튼을 클릭하여 검색합니다. [나만의 거북이] 오브젝트를 선택합니다.

`추가하기` 버튼을 클릭하여 오브젝트를 추가합니다.

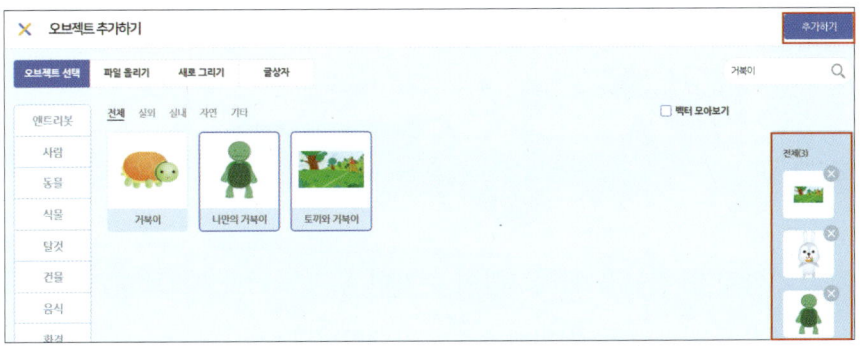

2 실행화면에 오브젝트를 원하는 위치에 놓고, 장면을 구성합니다.

코딩하기

3 [나만의 거북이] 오브젝트를 코딩합니다.

[시작] ➡ [시작하기 버튼을 클릭했을 때] 블록을 드래그하여 블록조립소에 가져옵니다.

[생김새] ➡ [안녕!을 4초 동안 말하기] 블록을 드래그하여 추가한 후, "안녕 이름이 뭐야?"를 2초 동안 말하기로 수정합니다.

[흐름] ➔ [2초 기다리기] 블록을 드래그하여 추가한 후 4초 기다리기로 수정합니다. 토끼가 말하는 시간을 기다려 주기 위해 4초를 기다립니다.

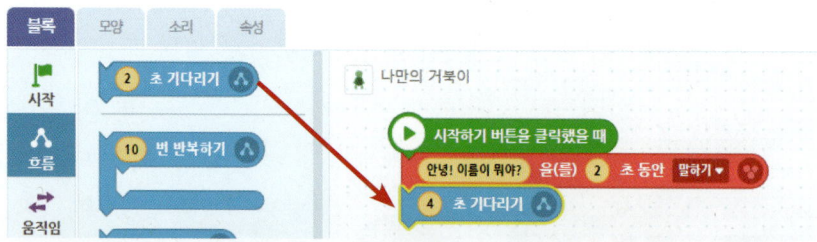

[생김새] ➔ [안녕!을 4초 동안 말하기] 블록을 드래그하여 추가한 후 "나는 초록 거북이야"를 2초 동안 말하기로 수정합니다.

4 [토끼] 오브젝트를 코딩합니다. [시작] ➔ [시작하기 버튼을 클릭했을 때] 블록을 드래그하여 블록조립소에 가져옵니다.

[흐름] ➔ [2초 기다리기] 블록을 드래그하여 추가합니다. 거북이가 말하는 시간을 기다려 주기 위해 2초 기다립니다.

[생김새] ➡ [안녕!을 4초 동안 말하기] 블록을 드래그하여 추가한 후, "내 이름은 당근토끼야"를 2초 동안 말하기로 수정합니다.

[생김새] ➡ [안녕!을 4초 동안 말하기] 블록을 드래그하여 추가한 후, "네 이름은 뭐야?"를 2초 동안 말하기로 수정합니다.

전체 코드

프로그래밍 개념 알아보기
선택구조란?

선택구조란 조건을 설정하고 그 조건의 결과에 따라 각각 다른 명령을 선택하도록 하는 제어 구조입니다. 어떤 선택을 하느냐에 따라 그 결과도 달라집니다.

일상생활에서 볼 수 있는 예로 핸드폰 사용 중에 움직임이 감지되지 않으면 화면이 자동으로 꺼지는 기능이나 집 현관의 센서 등이 사람이 들어왔을 때 자동으로 불이 켜지는 기능은 [만일~라면] 형태의 선택 구조를 활용하고 있습니다. 외부의 환경에 따라 반응하도록 하는 프로그램을 만들 수 있게 해줍니다.

선택구조의 순서도

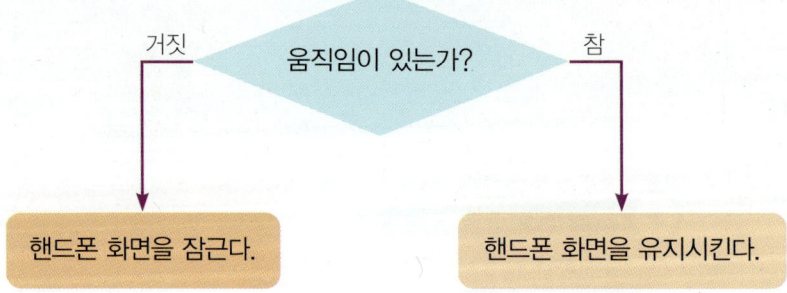

[만약에~놀이]를 통해 선택 구조를 연습해 봅시다.

- 만약 달걀이 떨어진다면?
- 만약 숙제를 하지 않는다면?
- 만약 몸무게가 50kg 이 넘는다면?

등등 다양한 "만약에 ~~라면" 질문에 예/아니요 라는 대답을 해봅니다.

작품 2 계란이 떨어진다면

계란이 떨어진다면 어떻게 될지 상상력을 발휘해서 작품을 만들어 봅시다.
• 프로그래밍에서 많이 사용되는 선택 구조를 이해할 수 있습니다.

핵심기능 선택   레벨 ★☆☆☆☆

 **작품 미리보기**   QR 코드   링크 주소 :
https://youtu.be/0LDGTmch_9k

작품 계획하기

1단계 계란이 높은 곳에서 떨어진다면 어떻게 될지 생각해봅니다.

2단계 [만약 참 이라면] 블록을 사용하여 벽에 부딪히는 경우 현실 세계에서는 깨지지만 엔트리 프로그램에서는 점점 커지게 만듭니다.

3단계 마우스가 닿으면 계란이 작아 집니다.

Part 01_코딩 어렵지 않아 041

 작품 만들기 ◆ 완성 파일 : 계란이 떨어진다면.ent

함께 만드는 강의QR 코드

링크 주소 :
https://youtu.be/HtgjCw6kJmw

오브젝트 추가하기

1 오브젝트 목록 창에서 엔트리봇 오브젝트의 ✕ 를 눌러 삭제합니다.

+오브젝트 추가하기 버튼을 클릭합니다. [배경] 꾸러미에서 [[묶음]이상한 숲 속] 오브젝트를 선택하여 오브젝트 리스트에 추가합니다.

오브젝트를 검색하여 추가해 봅니다. 검색 칸에 을 쓰고 🔍 버튼을 클릭하여 검색합니다. [계란] 오브젝트를 선택하여 오브젝트 리스트에 추가합니다. 추가하기 버튼을 클릭하여 오브젝트를 추가합니다.

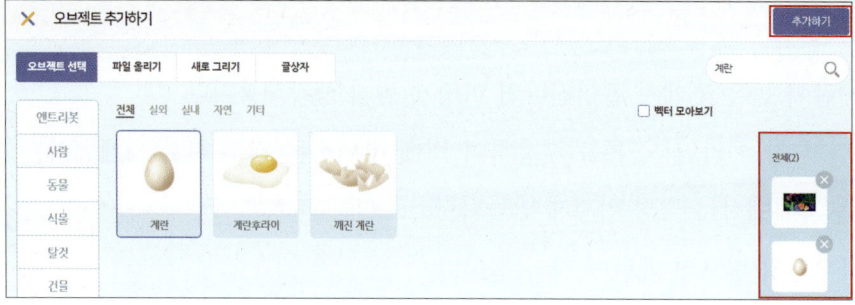

2 실행화면에 오브젝트를 원하는 위치에 놓고, 장면을 구성합니다.

코딩하기

3 [계란] 오브젝트를 코딩합니다.

[시작] ➡ [시작하기 버튼을 클릭했을 때] 블록을 드래그하여 블록조립소에 가져옵니다.

[흐름] ➡ [계속 반복하기] 블록을 드래그하여 추가합니다.

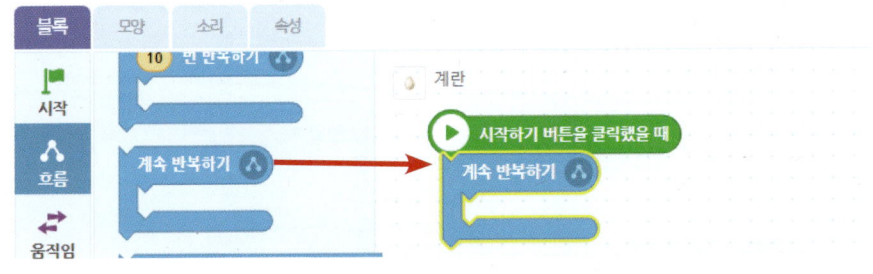

[움직임] ➡ [이동 방향으로 10만큼 움직이기] 블록을 드래그하여 [계속 반복하기] 블록 안에 넣습니다. 10을 5로 수정합니다.

[흐름] ➡ [만일 참 이라면] 블록을 드래그하여 추가합니다.

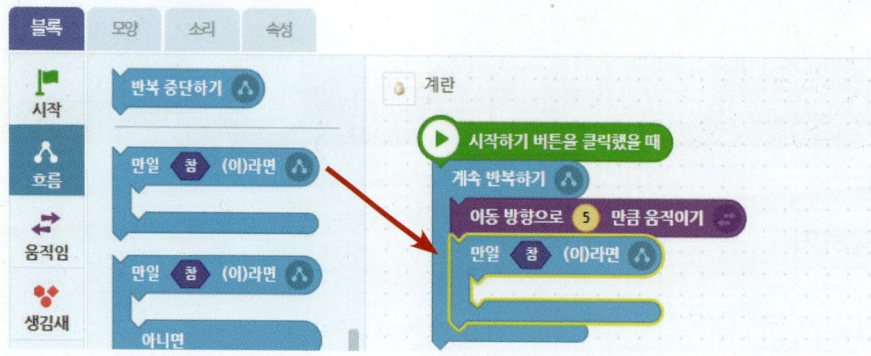

[판단] ➡ [마우스포인터에 닿았는가?] 블록을 드래그하여 조건 블록의 참 자리에 끼워넣습니다. 역삼각형모양을 클릭하여 [벽]을 선택합니다.

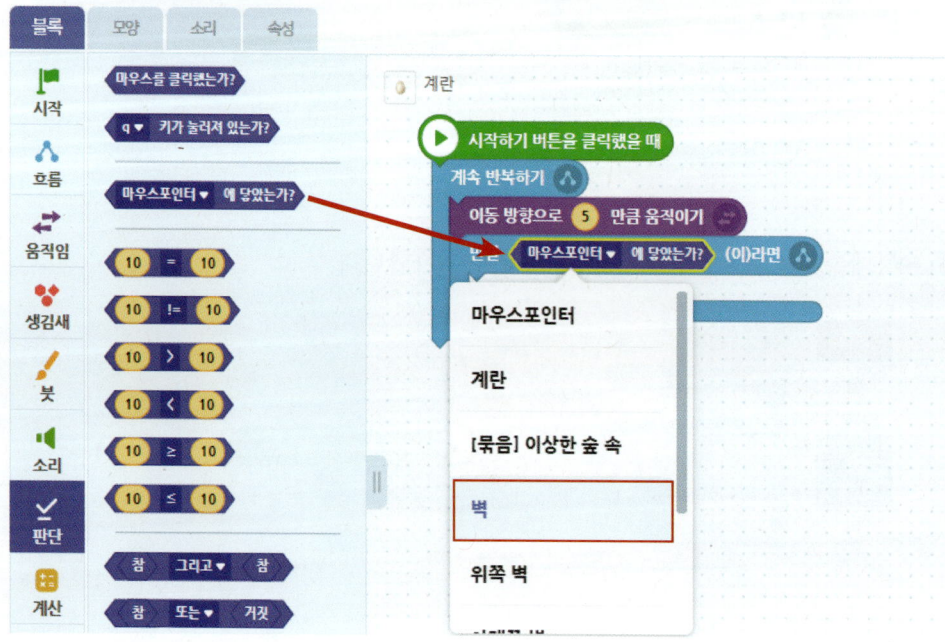

[생김새] ➡ [크기를 10만큼 바꾸기] 블록을 드래그하여 [만일~이라면] 블록 안에 넣습니다. 크기를 10에서 5로 수정합니다.

[흐름] ➡ [만일 참이라면] 블록을 드래그하여 추가합니다.

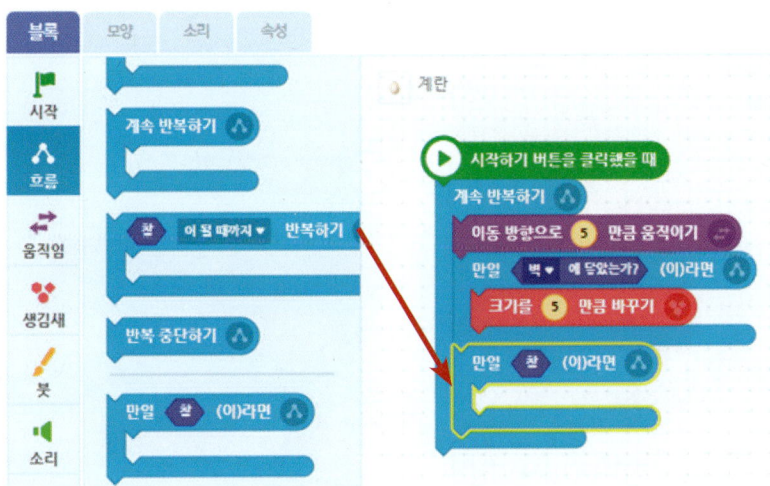

[판단] ➡ [마우스포인터에 닿았는가?] 블록을 드래그하여 조건 블록의 참 자리에 끼워넣습니다. 마우스포인터 에 닿았는가? 역삼각형모양을 클릭하여 [마우스포인터]을 선택합니다.

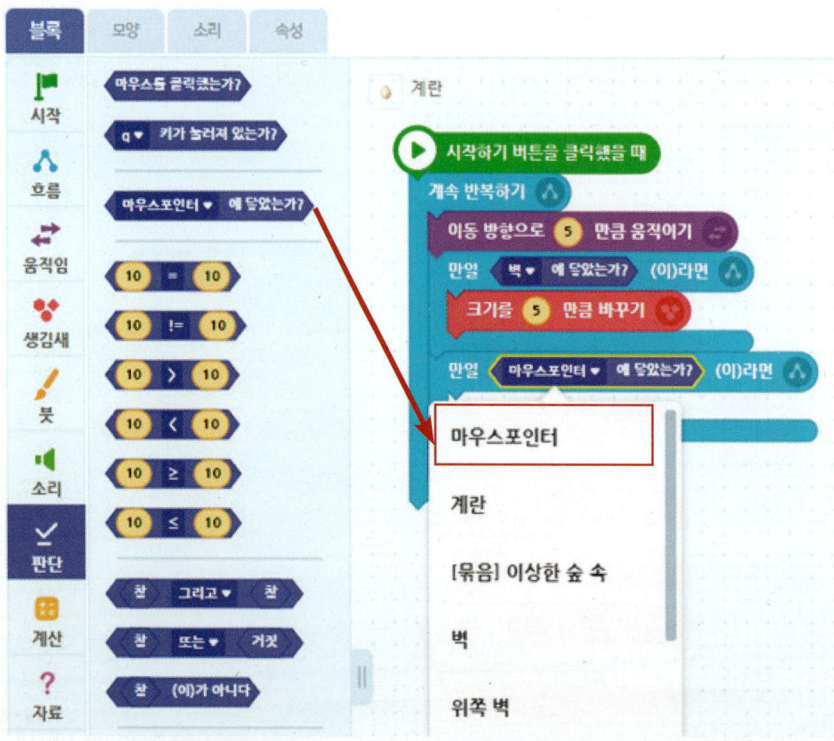

[생김새] ➜ [크기를 10만큼 바꾸기] 블록을 드래그하여 [만일~이라면] 블록 안에 넣습니다. 크기를 10에서 -5로 수정합니다.

[움직임] ➜ [화면 끝에 닿으면 튕기기] 블록을 추가합니다.

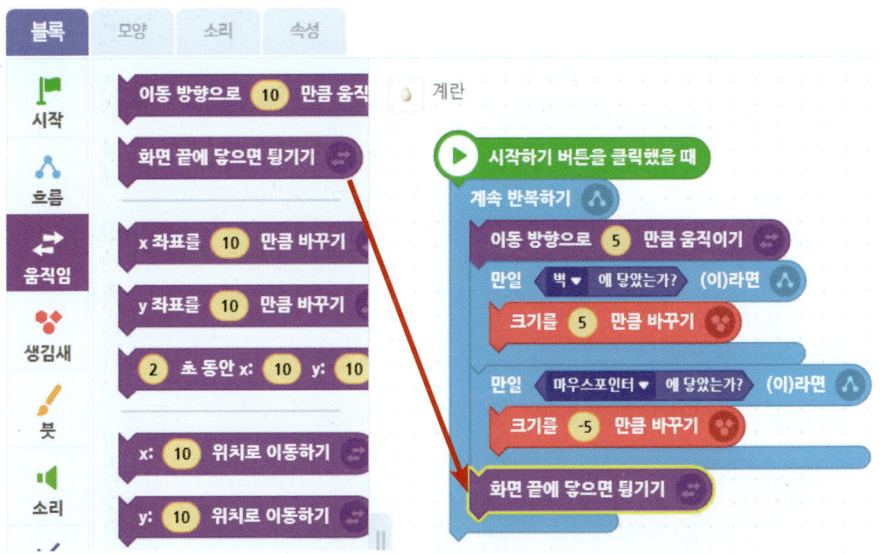

🐶 전체 코드

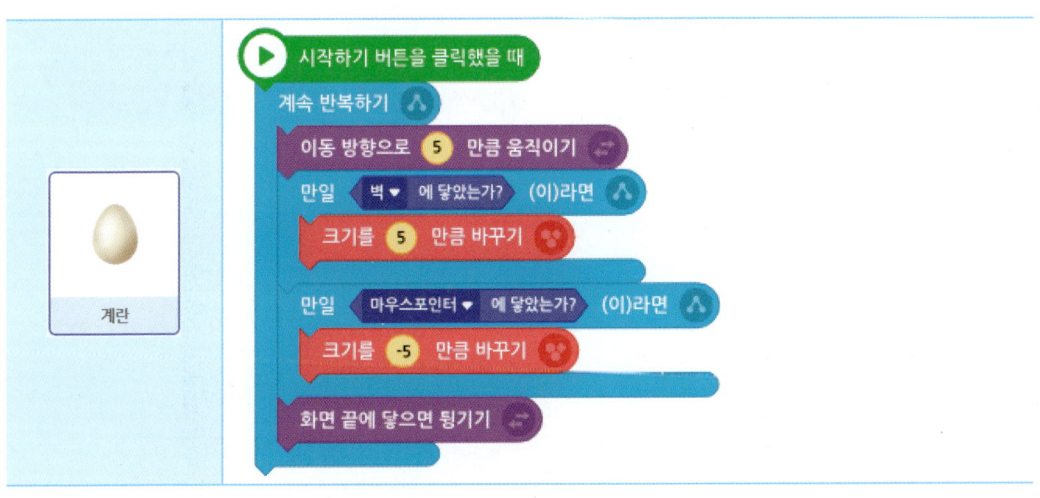

프로그래밍 개념 알아보기
반복구조란?

반복구조란 같은 동작을~ 여러번 수행할 때 묶어서 표현하는 프로그램 구조입니다.

예를 들어, 엔트리봇이 이상한 숲을 빠져나오기 위해서 [앞으로 가기] 블록을 사용하는데 반복구조가 없다면 계속해서 같은 명령 블록을 사용해야 합니다.

[~번 반복하기]블록을 사용하여 반복횟수를 넣어 자동으로 이동할 수 있도록 만들 수 있습니다.

  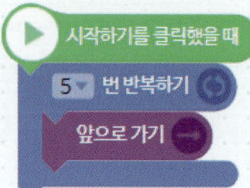

반복 구조 순서도

주어진 조건이 만족하는 동안 또는 만족할 때까지 특정 명령을 반복하여 실행하는 구조

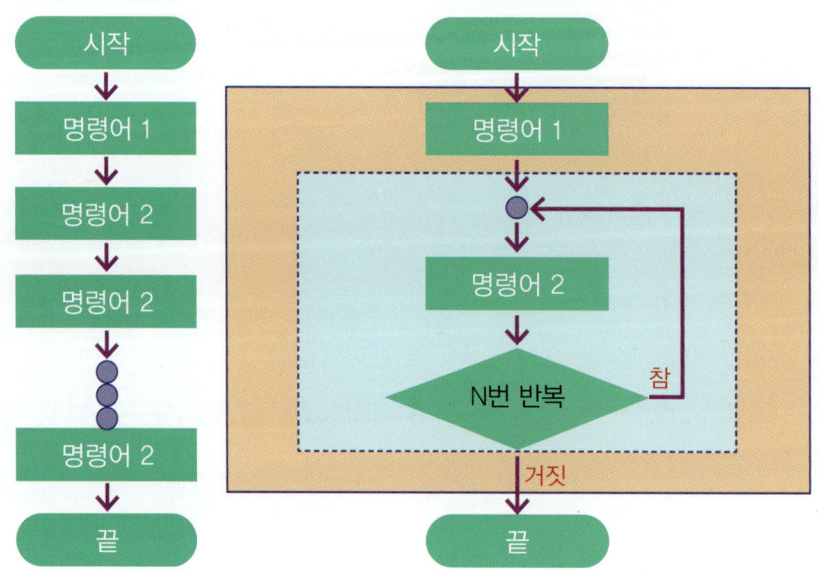

작품 3 종이접기

학습 목표
종이접기의 과정을 반복문을 사용하여 간결하게 만들어 봅시다.
• 프로그래밍의 기본 구조인 반복을 이해할 수 있습니다.

핵심기능 반복   레벨 ★☆☆☆☆

PART 01

 **작품 미리보기**   QR 코드   링크 주소 :
https://youtu.be/0pShDimugcs

작품 계획하기

1단계 종이접기 오브젝트의 8개 모양을 확인합니다.

1단계 [다음 모양으로 바꾸기]로 종이 접기 과정을 8단계로 보여주는 것을 확인하고 [~번 반복하기] 블록으로 코드를 간결하게 만들어 봅니다.

Part 01_코딩 어렵지 않아 049

작품 만들기　　◆ 완성 파일 : 종이 접기.ent

함께 만드는 강의QR 코드　링크 주소 : https://youtu.be/-1YX8ixW8wo

오브젝트 추가하기

1 오브젝트 목록 창에서 엔트리봇 오브젝트의 ✕ 를 눌러 삭제합니다.

 버튼을 클릭합니다. [마룻바닥], [[묶음]종이접기] 블록을 선택하여 추가하기 버튼을 클릭하여 오브젝트를 추가합니다.

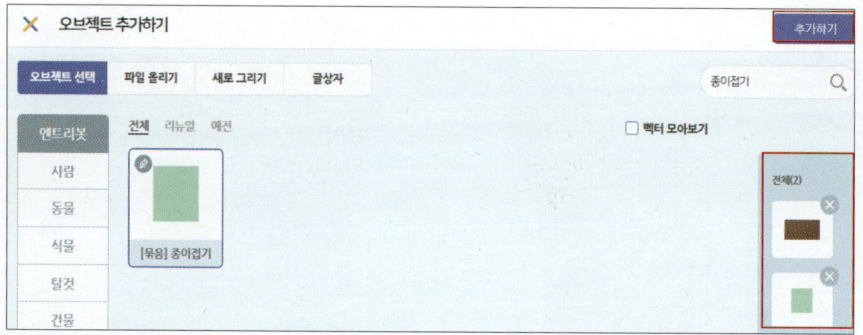

오브젝트 수정하기

2 실행화면에 오브젝트를 원하는 위치에 놓고, 장면을 구성합니다.

[묶음]종이접기 오브젝트의 크기를 300%로 수정합니다.

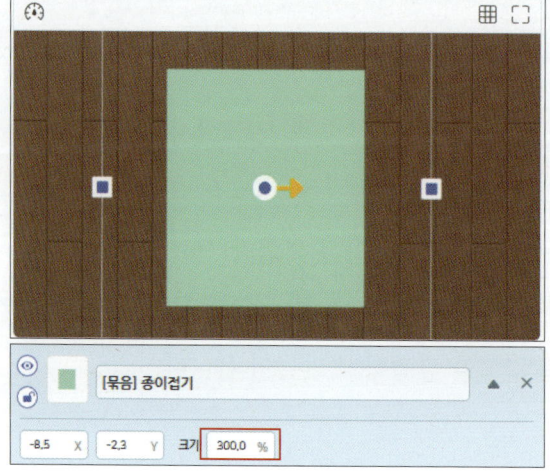

🐼 소리 추가하기

3 [[묶음]종이접기] 오브젝트에 접는 과정 사이의 효과음을 주기 위해 소리를 추가합니다.
[소리] ➡ [소리 추가하기] 버튼을 클릭합니다.

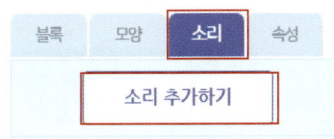

[전자신호음1]을 선택한 후 추가하기 버튼을 클릭하여 소리를 추가합니다.

[전자신호음1]이 추가된 것을 확인합니다.

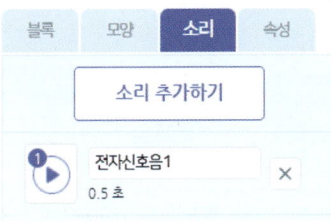

🐼 코딩하기

4 [[묶음]종이접기] 오브젝트를 코딩합니다.
[시작] ➡ [시작하기 버튼을 클릭했을 때] 블록을 드래그하여 블록조립소에 가져옵니다.

[생김새] ➡ [안녕!을 4초 동안 말하기] 블록을 드래그하여 추가한 후 "셔츠 종이접기를 순서대로 알려줄게요"를 1초동안 말하기로 수정합니다.

[흐름] ➡ [10번 반복하기] 블록을 드래그하여 추가한 후 8번 반복하기로 수정합니다.

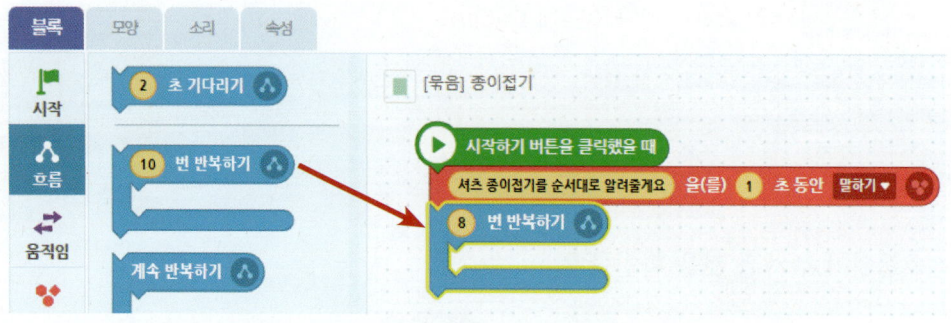

[생김새] ➡ [다음 모양으로 바꾸기] 블록을 드래그하여 [8번 반복하기] 블록 안에 넣습니다.

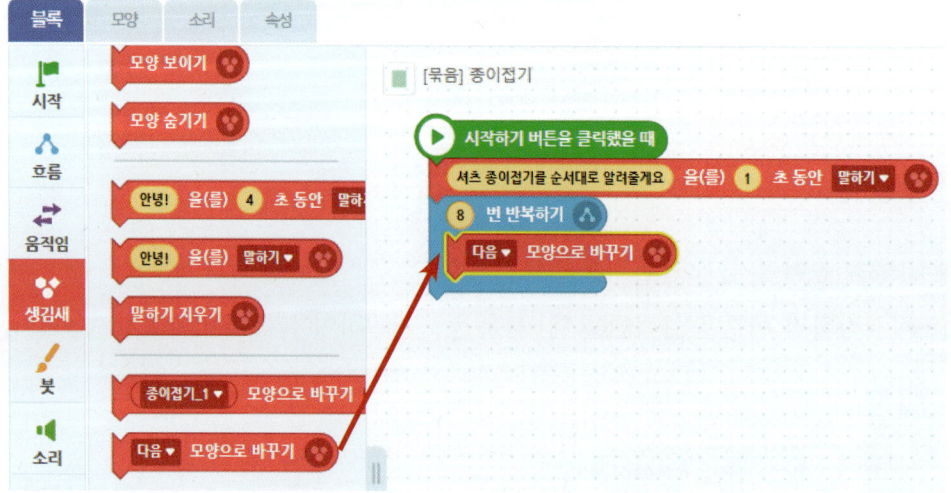

[소리] ➡ [소리 전자신호음1 1초 재생하고 기다리기] 블록을 드래그하여 추가합니다.

더 알고 가요! 반복 구조로 코드를 간결하게 합니다.

순차 구조는 동일한 내용을 여러번 작업해야 합니다. 반복 구조을 이용하여 반복횟수를 지정하면 좀더 간결한 코드를 작성할 수 있습니다.

전체 코드

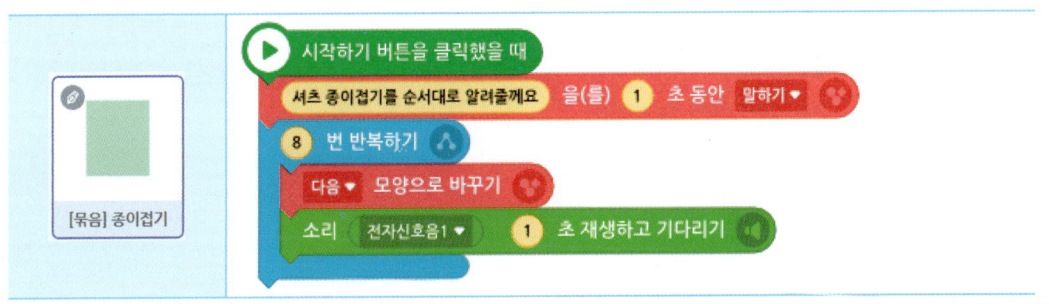

프로그래밍 개념 알아보기

변수란?

변수란 컴퓨터가 정보를 저장하기 위한 공간으로 문자나 숫자 등 다양한 정보를 저장할 수 있습니다. 변수에는 원하는 이름을 붙여 안의 정보가 무엇인지 쉽게 알 수 있도록 만들 수 있으며 하나의 변수에는 하나의 정보만 저장이 가능합니다. 다른 정보가 저장이 될 경우 그 전에 있던 정보는 지워지게 됩니다.

예를 들어 우리는 게임을 통해 레벨업을 합니다. 하지만 게임을 제약없이 계속할 수 있다면 도전 의식이 없어지겠죠. 게임을 처음 시작할 때 하트값으로 3이 설정되면, 3번의 기회가 제공됩니다. 게임을 하면서 하트값은 계속 변하게 됩니다. 변하는 값을 보관하는 곳을 변수(Variable)라고 합니다.

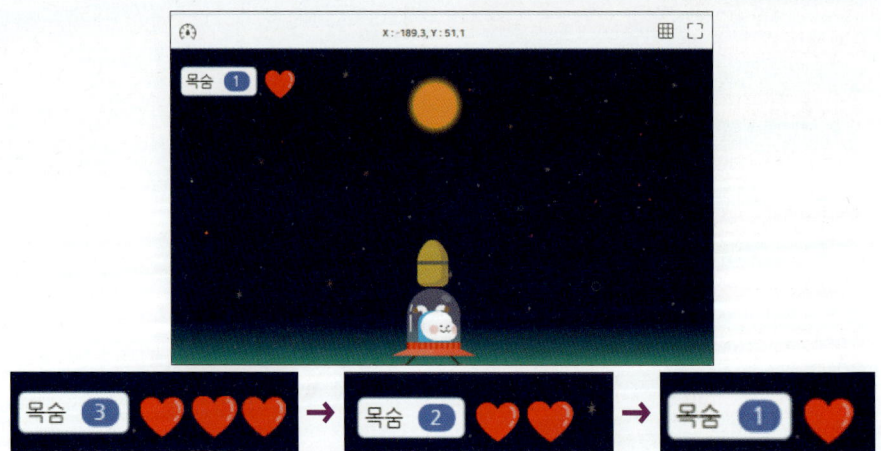

변수 활용하기

우리 주변에서는 무엇이 변수가 될 수 있을지 생각해 봅시다.

나이 : 해가 지나면 나이가 한 살씩 늘어나는 값
줄넘기 횟수 : 줄넘기를 몇 개 했는지 저장하는 값
게임 점수 : 게임을 통해 획득한 점수를 저장하는 값

작품 4 | 물고기를 잡아요

학습 목표: 반복을 이용하여 낚시를 하고, 변수를 이용하여 잡은 물고기 수를 기록하는 작품을 만들어 봅시다.
- 반복을 이용하여 모양을 바꿀 수 있습니다.
- 변수를 추가하고 활용할 수 있습니다.

핵심기능: 변수, 반복   **레벨** ★☆☆☆☆

작품 미리보기

QR 코드   링크 주소 : https://youtu.be/raUSUGw9jCY

작품 계획하기

1단계 ▶ 낚시왕은 [마우스 클릭했을 때] 물고기 잡는 모양을 4번 반복합니다.

2단계 ▶ 물고기를 잡으면 [잡은 물고기] 변수에 1씩 증가시켜 저장합니다.

작품 만들기

◈ 완성 파일 : 물고기를 잡아요.ent

함께 만드는 강의QR 코드

링크 주소 : https://youtu.be/_DbLVBcDG3w

🐶 오브젝트 추가하기

1 버튼을 클릭합니다. [배경] 꾸러미에서 [계곡] 오브젝트를 선택하여 오브젝트 리스트에 추가합니다.

오브젝트를 검색하여 추가해 봅니다.

검색 칸에 낚시왕 을 쓰고 🔍 버튼을 클릭하여 검색합니다. [낚시왕] 오브젝트를 선택하여 오브젝트 리스트에 추가합니다. 추가하기 버튼을 클릭하여 오브젝트를 추가합니다.

056 한 권으로 끝내는 엔트리와 40개의 작품들

2 실행화면에 오브젝트를 원하는 위치에 놓고, 장면을 구성합니다.

변수 추가하기

3 [속성] ➡ [변수] ➡ [변수 추가하기] ➡ [잡은 물고기] 변수를 추가합니다.

코딩하기

4 [낚시왕] 오브젝트를 코딩합니다.

[시작] ➡ [마우스를 클릭했을 때] 블록을 드래그하여 블록조립소에 가져옵니다.

[흐름] ➡ [10번 반복하기] 블록을 드래그하여 추가한 후 반복 횟수 10을 4로 수정합니다.

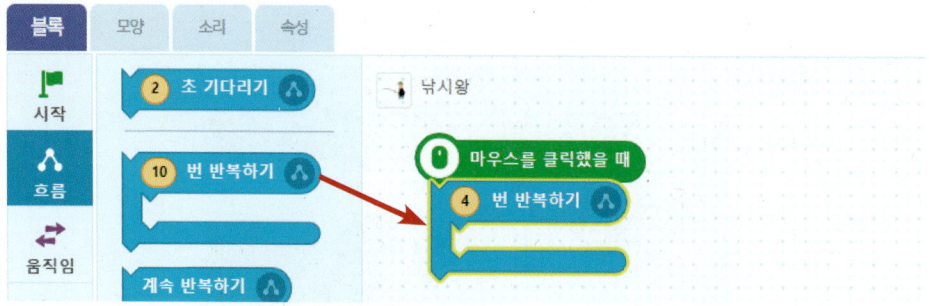

[생김새] ➡ [다음 모양으로 바꾸기] 블록을 드래그하여 [반복하기] 블록 안에 넣습니다.

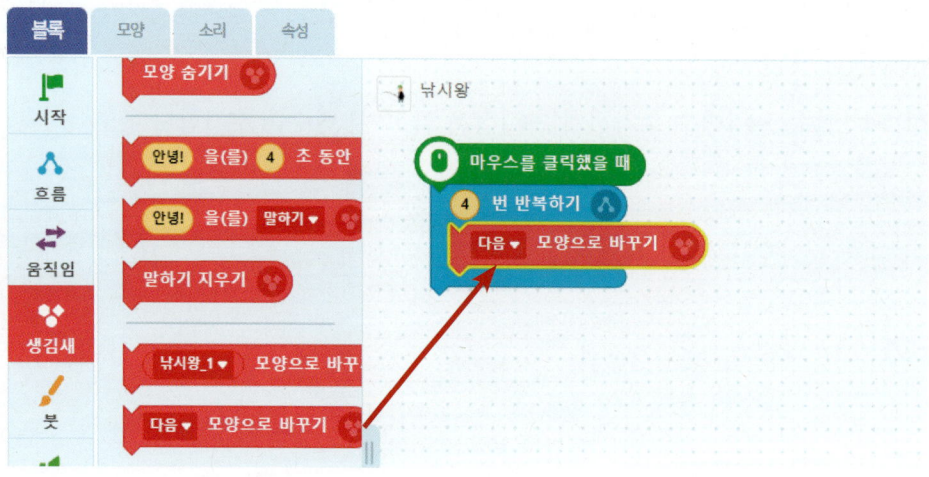

[흐름] ➡ [2초 기다리기] 블록을 드래그하여 추가한 후 2초를 0.3초로 수정합니다.

[자료] → [잡은 물고기에 10만큼 더하기] 블록을 드래그하여 추가한 후 10을 1로 수정합니다. 물고기를 잡을 때마다 1씩 증가시켜 [잡은 물고기] 변수에는 잡은 물고기 총 마리 수가 저장됩니다.

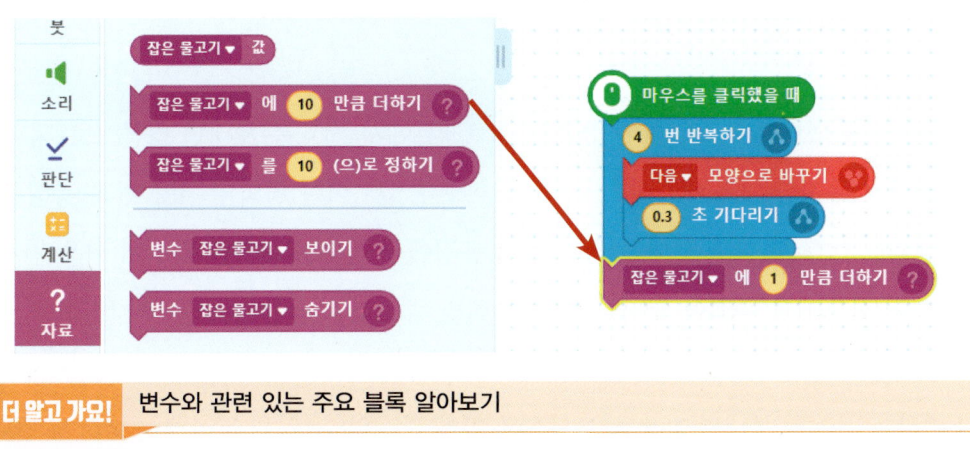

더 알고 가요! 변수와 관련 있는 주요 블록 알아보기

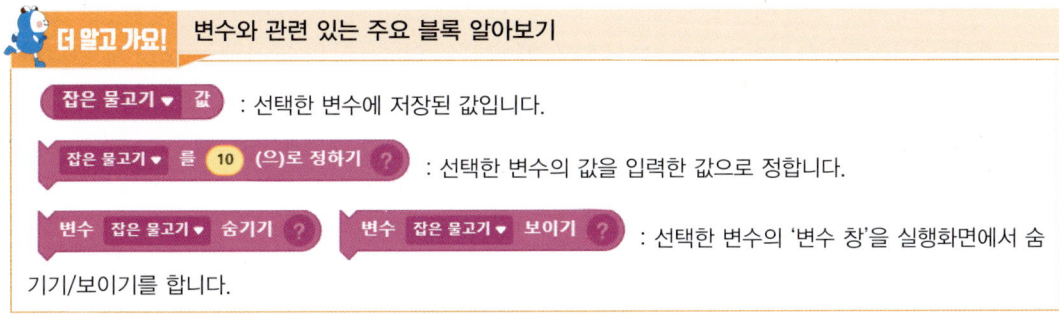

전체 코드

프로그래밍 개념 알아보기
신호란?

신호보내기는 오브젝트간의 대화입니다. 오브젝트에서 신호를 보내면 다른 오브젝트가 신호를 받아서 특정한 일을 하도록 합니다. 신호보내기는 어떤 일의 순서를 미리 정해두지 않고 수행되도록 할 때 어떤 일이 여러 곳에서 동시에 진행되도록 하는 경우에 이용됩니다.
예를 들어 학교에서 수업이 끝나는 종이 울리면 종소리를 들은 학생들은 화장실을 간다거나, 잠을 잔다거나, 간식을 먹는다거나 각자의 일을 합니다.
종소리라는 신호를 보내면 학생들은 신호를 받아 각자의 할 일을 동시에 진행하게 됩니다.

신호 블록의 이해

신호를 추가하면 시작 블록꾸러미에 신호과 관련된 블록이 표시됩니다.

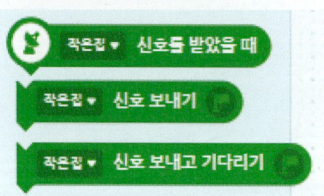

작은집▼ 신호 보내기 (드롭다운: 작은집, 큰집)	등록된 모든 신호 정보가 표시되며 선택된 신호를 보냅니다.
작은집▼ 신호 보내기	선택한 신호를 보냅니다.
작은집▼ 신호 보내고 기다리기	선택한 신호를 보내고, 해당 신호를 받는 블록들의 실행이 끝날 때까지 기다립니다.

작품 5 달에 집을 지어요

 학습 목표
달에 집을 크게 지을지 작게 지을지 상상하며 작품을 만들어 봅시다.
- 신호를 보내고 받을 수 있습니다.
- 오브젝트의 크기를 변경 할 수 있습니다

핵심기능 신호 **레벨** ★☆☆☆☆

 작품 미리보기   QR 코드 링크 주소 : https://youtu.be/8FC2d299DHU

 작품 계획하기

1단계 ▶ [시작하기 버튼]을 클릭하면 집 크기를 정하는 방법을 알려줍니다.

2단계 ▶ [+] 오브젝트를 클릭하면 신호를 보내 집을 크게 만듭니다.

3단계 ▶ [−] 오브젝트를 클릭하면 신호를 보내 집을 작게 만듭니다.

 **작품 만들기** ◆ 완성 파일 : 달에 집을 지어요.ent

| 함께 만드는 강의QR 코드 | 링크 주소 : https://youtu.be/geiFXIEEJSE |

오브젝트 추가하기

1 [오브젝트 추가하기] 버튼을 클릭하여 [달 표면], [전원주택(2)], [더하기], [빼기] 오브젝트를 추가합니다.

2 실행화면에 오브젝트를 원하는 위치에 놓고, 장면을 구성합니다.

신호 추가하기

3 [속성] ➜ [신호] ➜ [신호 추가하기] ➜ [작은집], [큰집] 신호를 추가합니다.

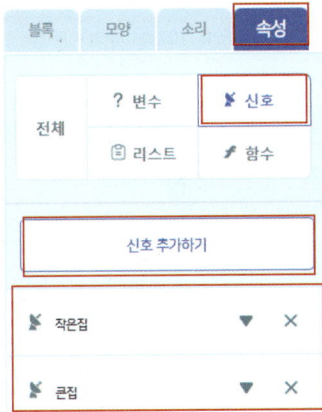

코딩하기

4 [더하기] 오브젝트를 코딩합니다.

 [더하기] 오브젝트를 클릭했을 때 [큰집] 신호를 보냅니다.

5 [빼기] 오브젝트를 코딩합니다.

 [빼기] 오브젝트를 클릭했을 때 [작은집] 신호를 보냅니다.
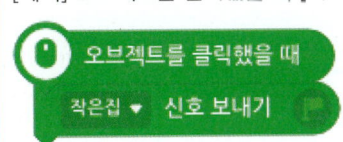

6 [전원주택(2)] 오브젝트를 코딩합니다.

[시작하기 버튼] 클릭했을 때 집을 키우고 줄이는 방법을 설명해 줍니다.

[작은집] 신호를 받았을 때 [크기]를 -20만큼 줄여주고 "집을 작게"라고 말해 줍니다.

[큰집] 신호를 받았을 때 [크기]를 20만큼 키워주고 "집을 크게"라고 말해 줍니다.

더 알고 가요! 오브젝트의 크기

오브젝트의 크기를 [크기를 ~로 정하기], [크기를 ~만큼 바꾸기] 블록을 이용하여 바꿀 수 있습니다. 차이점을 잘 이해하고 상황에 맞게 사용하세요.

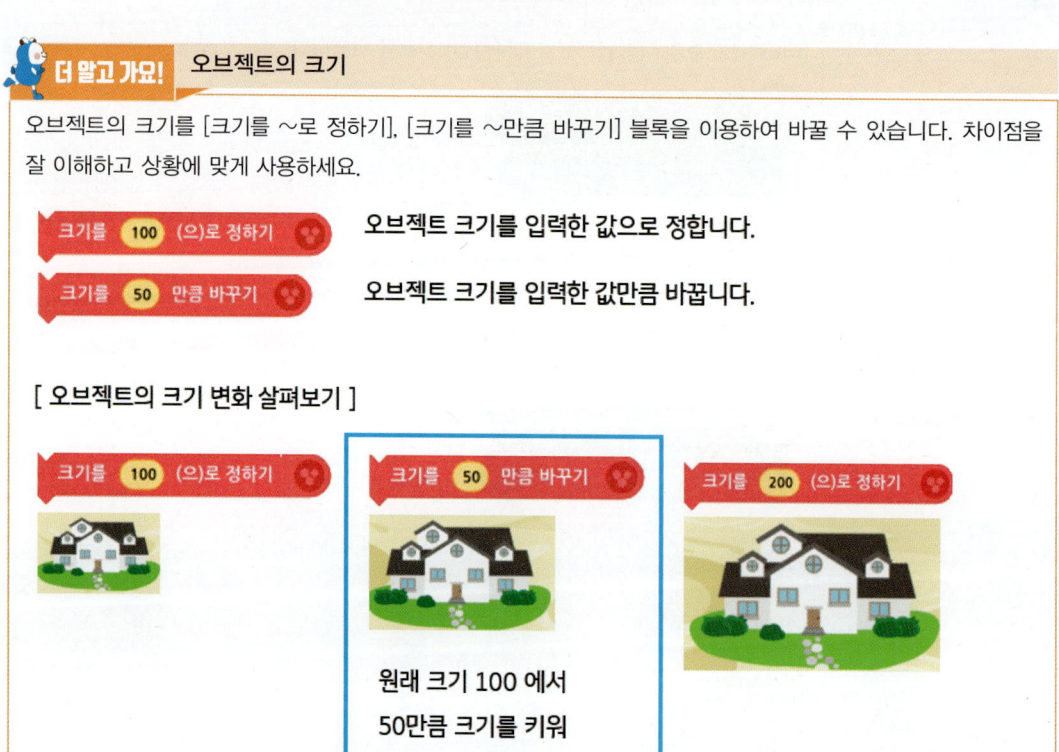

 전체 코드

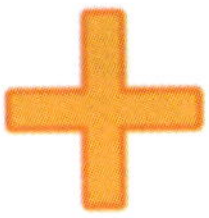 더하기	오브젝트를 클릭했을 때 큰집▼ 신호 보내기
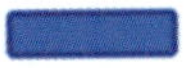 빼기	오브젝트를 클릭했을 때 작은집▼ 신호 보내기
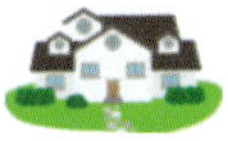 전원주택(2)	시작하기 버튼을 클릭했을 때 집을 크게 지을꺼면 [+], 집을 작게 지을꺼면 [-]를 눌러 주세요. 을(를) 4 초 동안 말하기▼ 작은집▼ 신호를 받았을 때 크기를 -20 만큼 바꾸기 집을 작게 을(를) 0.5 초 동안 말하기▼ 큰집▼ 신호를 받았을 때 크기를 20 만큼 바꾸기 집을 크게 을(를) 0.5 초 동안 말하기▼

프로그래밍 개념 알아보기
입출력이란?

프로그램 구조는 사람과 유사합니다.

사람은 여러 감각기관으로 외부에서 정보를 받아들이고 머리로 생각 후에 결과를 몸이나 얼굴 표정으로 나타냅니다. 예를 들어 햄버거를 먹는 것은 외부로 정보를 받아 들이는 입력이고 소화시키고 화장실을 가는 것은 출력에 해당됩니다. 컴퓨터도 사람처럼 외부로부터 정보를 받아들이고 표현하는 입력과 출력 과정이 있습니다.

컴퓨터의 입출력 장치를 찾아 보아요

입력 장치　　　　　　　　　　　　출력 장치

작품 ⑥ 열려라 참깨

 **학습 목표** 암호를 입력받아서 창고를 탈출하는 작품을 만들어 봅시다.
• 입출력 프로그램을 이해할 수 있습니다. 신호를 보내고 받을 수 있습니다.

핵심기능 입출력, 신호   레벨 ★☆☆☆☆

 **작품 미리보기**   QR 코드   링크 주소 :
https://youtu.be/WC1lBrf2ZuI

 **작품 계획하기**

1단계 ▶ 창고의 암호를 변수에 저장합니다.

2단계 ▶ 탈출을 위해 암호를 [묻고~대답하기]블록을 통해서 입력 받습니다.

3단계 ▶ 암호와 대답이 일치하는 경우 [탈출]신호를 보냅니다.

4단계 ▶ [창고] 오브젝트에서는 [탈출]신호를 받으면 모양을 [문열린 창고]로 바꿔줍니다.

 **작품 만들기**　　　◆ 완성 파일 : 열려라 참깨.ent

| 함께 만드는 강의QR 코드 | 링크 주소 : https://youtu.be/ect5y9do-xk |

오브젝트 추가하기

1️⃣ [오브젝트 추가하기] 버튼을 클릭하여 [창고] 오브젝트를 추가합니다. [엔트리봇]은 삭제하지 않습니다.

변수 추가하기

2️⃣ [속성] ➡ [변수] ➡ [변수 추가하기] ➡ [암호] 변수를 추가합니다.

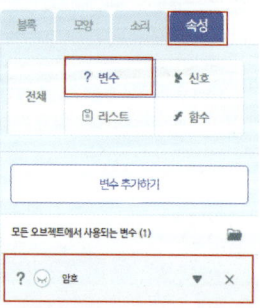

신호 추가하기

3️⃣ [속성] ➡ [신호] ➡ [신호 추가하기] ➡ [탈출] 신호를 추가합니다.

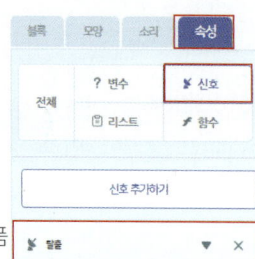

 **코딩하기**

4 [엔트리봇] 오브젝트를 코딩합니다.

[시작하기 버튼을 클릭했을때] 암호 변수를 "열려라 참깨"로 정합니다.

반복해서 [묻고 대답 기다리기]블록으로 암호를 질문합니다.
대답과 암호값이 같은 경우와 다른 경우를 처리하기 위해 [만일~이라면, 아니면]블록을 가져옵니다.

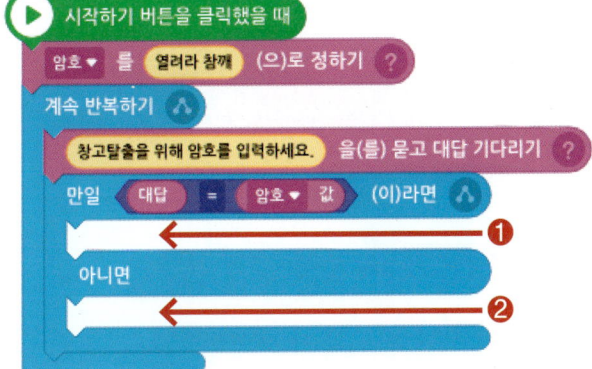

❶ 암호를 맞춘 경우는 [탈출이다!] 말하며 탈출 신호를 보냅니다. 계속해서 질문하지 않기 위해 반복을 중단시킵니다.

❷ 암호를 틀린 경우는 [땡!!!]이라고 말해줍니다.

5 [창고] 오브젝트를 코딩합니다.

[탈출 신호를 받았을 때] 모양을 [문 열린 창고]로 바꿔줍니다

전체 코드

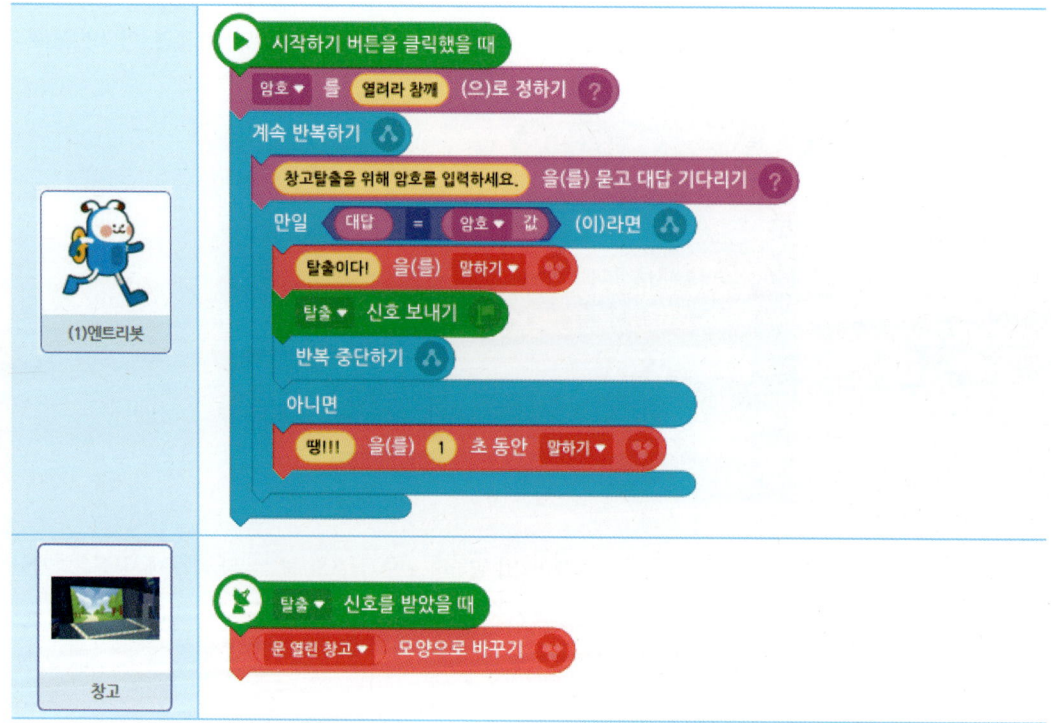

 **더 알고 가요!**

[안녕을 묻고 대답 기다리기] 블록을 사용하는 경우엔 사용자가 정보를 입력할 동안 프로그램이 대기하게 됩니다.
입력값은 [대답] 블록에 저장되며, 기본적으로 화면에 표시됩니다.
화면에 표시하지 않기 위해서 `대답 숨기기` 블록을 사용할수 있습니다.

입력값은 [대답] 블록에 저장되며, 이 값을 비교할때는 띄어쓰기까지 일치해야합니다.

프로그래밍 개념 알아보기
리스트란?

리스트는 비슷한 특성을 가진 변수들의 모임입니다.

프로그램에서 많은 자료를 처리하는 경우에 변수로 처리하면 모두에게 이름을 주는 것도 어렵고, 변수별로 명령들을 사용하는 것도 복잡합니다.

리스트는 여러개의 자료를 한꺼번에 저장하고, 항목 번호(인덱스)를 이용하여 자료를 불러올 수 있습니다.

예를 들어, 100명의 학생에 대한 평균 키를 계산하고자 할 때 변수로 사용하면 평균 키를 계산하는 명령들을 100번 작성해야 하지만 리스트를 사용하면 각 학생들에 대하여 정수로 된 인덱스를 사용함으로써 평균 키를 계산하는 것을 100번 반복하는 사용 명령을 하여 간단하게 프로그램을 작성할 수 있습니다.

리스트는 특히 반복문과 함께 쓰면 좋은 효과를 낼 수 있습니다.

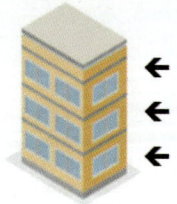

리스트의 종류

엔트리에서 리스트는 크게 3가지로 나뉩니다. 일반, 공유, 실시간 리스트입니다.

일반 리스트는 한 사용자만 쓸 수 있고, 작품을 정지하면 모든 항목과 기록이 사라집니다.

공유 리스트는 여러 사용자가 사용할 수 있고, 작품을 정지해도 남아있습니다. 게임의 랭킹 등을 만들 때 많이 사용됩니다.

실시간 리스트는 한명만 사용할 수 있으나, 작품을 정지해도 항목들이 남아있는 리스트입니다.

작품 7 우리반 평균키 구하기

학습 목표
우리반 친구들의 키 정보를 리스트에 입력하고, 평균을 구하는 작품을 만들어봅시다.
- [리스트]를 만들고 정보를 조회할 수 있습니다.

핵심기능 리스트 레벨 ★☆☆☆☆

작품 미리보기   QR 코드   링크 주소 :
https://youtu.be/XsQK6KDLUi4

작품 계획하기

1단계 리스트를 만들어 우리반 키 정보를 입력합니다.

2단계 리스트 정보를 하나씩 조회 할 때 사용하는 변수와 평균을 구하기 위한 변수를 추가합니다.

3단계 [엔트리봇]은 [시작하기 버튼을 클릭했을 때] 평균키를 말해 줍니다.

Part 01_코딩 어렵지 않아 **073**

작품 만들기 ◆ 완성 파일 : 우리반 평균키 구하기.ent

함께 만드는 강의QR 코드

링크 주소 :
https://youtu.be/VFCx1soEGP0

오브젝트 추가하기

1 [오브젝트 추가하기] 버튼을 클릭하여 [교실] 오브젝트를 추가합니다. [엔트리봇]은 삭제하지 않습니다.

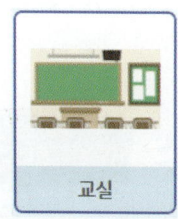 

변수 추가하기

2 [속성] → [변수] → [변수 추가하기] → [번호],[합계] 변수를 추가합니다.

[번호] 변수를 이용하여 리스트 내용을 검색합니다.

[합계] 변수를 이용하여 리스트의 항목들의 합을 저장합니다.

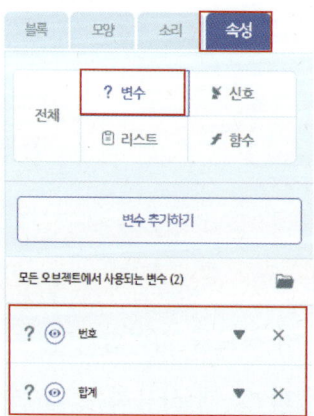

리스트 추가하기

3 [속성] ➜ [리스트] ➜ [리스트 추가하기] ➜ [우리반 키정보] 리스트를 추가합니다.
리스트 항목수를 10으로 입력하고, 리스트의 기본값에 우리반 키정보를 입력합니다.

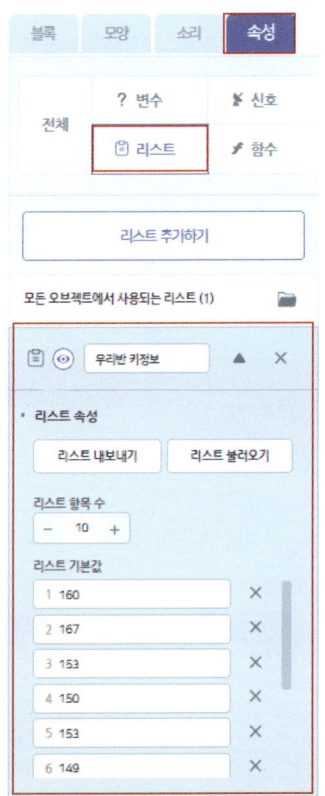

실행화면에 변수와 리스트를 원하는 위치에 놓고, 장면을 구성합니다.

 **코딩하기**

5 [엔트리봇] 오브젝트를 코딩합니다.

[시작하기 버튼을 클릭했을때] 변수를 초기화 합니다.

리스트의 항목수만큼 반복하여 리스트의 값을 가져옵니다.
[번호] 변수를 증가 시키면서 리스트의 모든 값들을 [합계] 변수에 누적시킵니다.
*누적; 합계 = 합계 + 우리반 키정보[ ]

합계가 끝나면 평균을 구해서 말해줍니다.
*평균 = 합계/ 리스트의 총 항목수

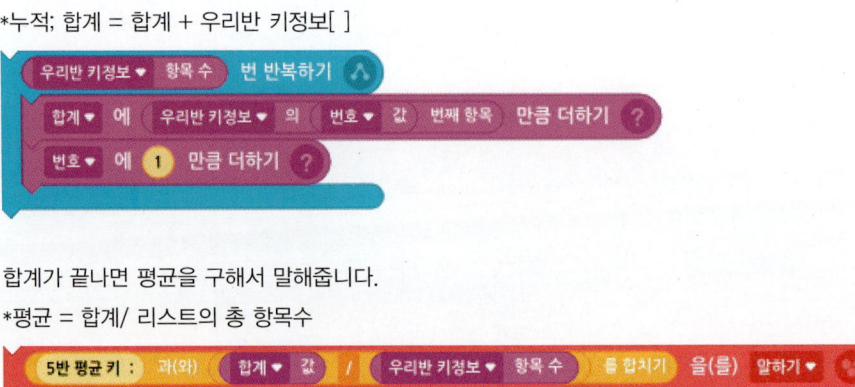

더 알고 가요! 변수값 활용

[번호] 변수값은 리스트의 정보 조회용으로 사용합니다.

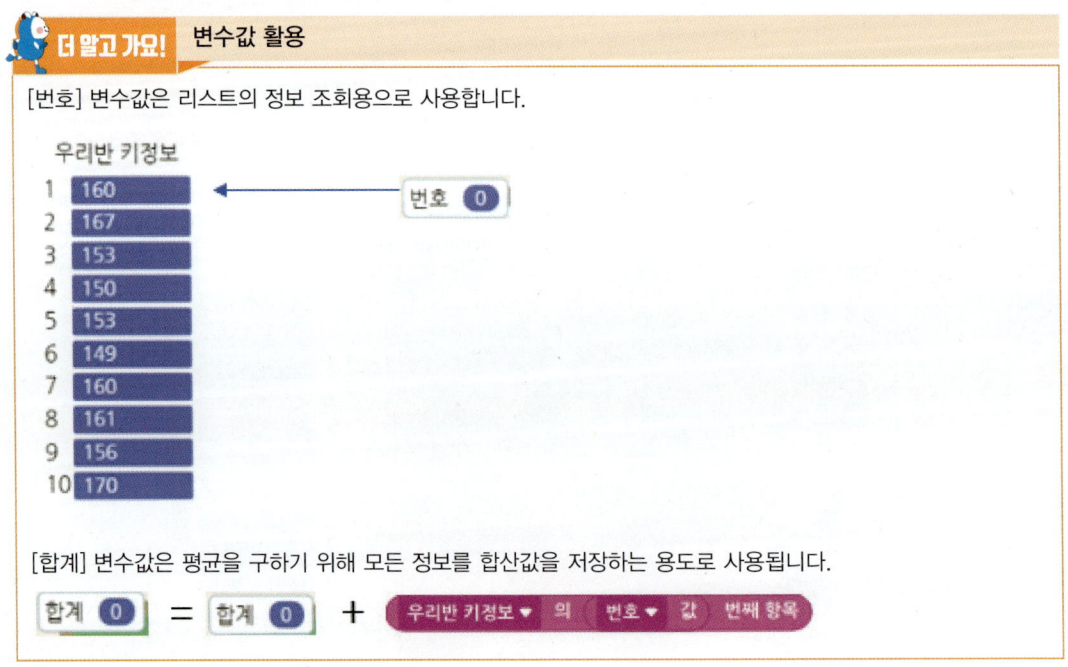

[합계] 변수값은 평균을 구하기 위해 모든 정보를 합산값을 저장하는 용도로 사용됩니다.

전체 코드

프로그래밍 개념 알아보기
함수란?

함수란 하나의 기능을 위해 사용되는 블록의 모음, 여러 번 사용해야 하는 블록들의 모음을 의미합니다. 함수를 이용하면 여러 블록의 조립을 하나의 블록처럼 사용할 수 있어 조립이 간편하고 블록을 쉽게 재활용 할 수 있습니다. 복잡한 코딩 과정 대신 미리 만들어둔 함수를 호출하면 됩니다.

예를 들어 '밥먹기'라는 하나의 목표를 위해 숟가락을 들고, 밥을 먹고, 반찬을 먹고, 물을 마신다. 등의 여러 행동들을 '밥먹기'함수로 만들 수 있습니다.

엔트리에서 함수 정의하기

함수를 정의하기 위해서는 입력값 블록과 일반 블록을 같이 사용해야 합니다. 입력값 블록은 함수를 정의할 때 사용되는 입력할 값 블록(⬤)과 판단 블록(◆)이 있습니다. 함수의 기능을 만들기 위해 사용되는 일반 블록들은 함수가 동작할 때, 같이 동작되는 블록이 됩니다.

처음 함수를 만들면 보이는 함수 정의 블록입니다. 정의한 함수가 동작할 때, 해당 함수에 조립된 블록들이 동작합니다.

함수 블록의 이름을 짓는 용도로 사용됩니다. 이름과 이름 사이에 다른 추가 블록을 넣을 때도 쓰입니다.

함수 블록에 입력한 문자/숫자를 값 블록(value)으로 함수 안에서의 변수라고 할 수 있습니다. 이 블록을 끼워 넣은 후 원형 부분(문자/숫자값 1)만 함수의 실제 코드에 넣으면 그대로 적용됩니다.

함수 안에서의 판단값입니다. 정의에 사용된 판단값은 함수 안에서 판단 블록(◆)으로 사용할 수 있습니다.

예시

위의 예시와 같이 함수를 정의한다면, 완성한 함수는 이런 모습입니다.

작품 8 학교종이 땡땡땡

 **학습 목표** 쉬는 시간 종이 울린 후의 교실의 모습을 함수를 이용하여 만들어 봅시다.
- 같은 기능을 하는 블록을 묶어 함수를 만들 수 있습니다.
- 신호를 보내고 받을 수 있습니다.

핵심기능 함수, 신호   레벨 ★☆☆☆☆

 작품 미리보기   QR 코드   링크 주소 :
https://youtu.be/hcZzD2ey53U

 작품 계획하기

1단계 [센서] 오브젝트에 종소리가 울리는 효과를 준 후에 [종소리] 신호를 보냅니다.

2단계 신호를 받은 [[묶음]엔트리봇이모티콘(2)] 오브젝트들은 공통적으로 교실밖으로 나가는 효과를 주는 함수를 호출합니다.

작품 만들기 ◆ 완성 파일 : 학교종이 땡땡땡.ent

함께 만드는
강의QR 코드

링크 주소 :
https://youtu.be/1G1hfekKex0

오브젝트 추가하기

1 오브젝트 목록 창에서 엔트리봇 오브젝트의 를 눌러 삭제합니다. [오브젝트 추가하기] 버튼을 클릭하여[[묶음]엔트리봇 이모티콘(2)], [센서],[교실 뒤(2)] 오브젝트를 추가합니다.

오브젝트 리스트에서 복제 기능을 이용하여 오브젝트를 추가합니다. [[묶음]엔트리봇 이모티콘(2)]를 선택한 후에 오른쪽 마우스 클릭 합니다. 복제하기 메뉴를 선택하여 2개의 오브젝트를 복제하여 추가합니다.

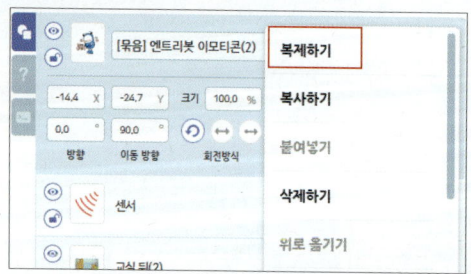 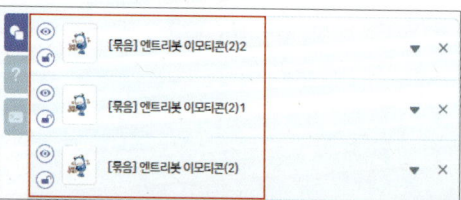

2 실행화면에 오브젝트를 원하는 위치에 놓고, 장면을 구성합니다.

🐶 신호 추가하기

3 [속성] ➡ [신호] ➡ [신호 추가하기] ➡ [종소리] 신호를 추가합니다.

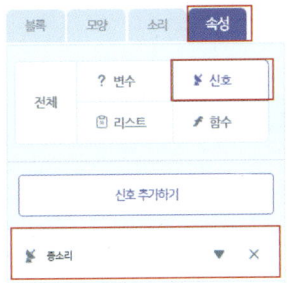

🐶 함수 추가하기

4 [[묶음]엔트리봇 이모티콘(2)] 오브젝트들이 공통으로 사용할 함수를 만듭니다.

[함수] ➡ [함수 만들기] 클릭합니다.

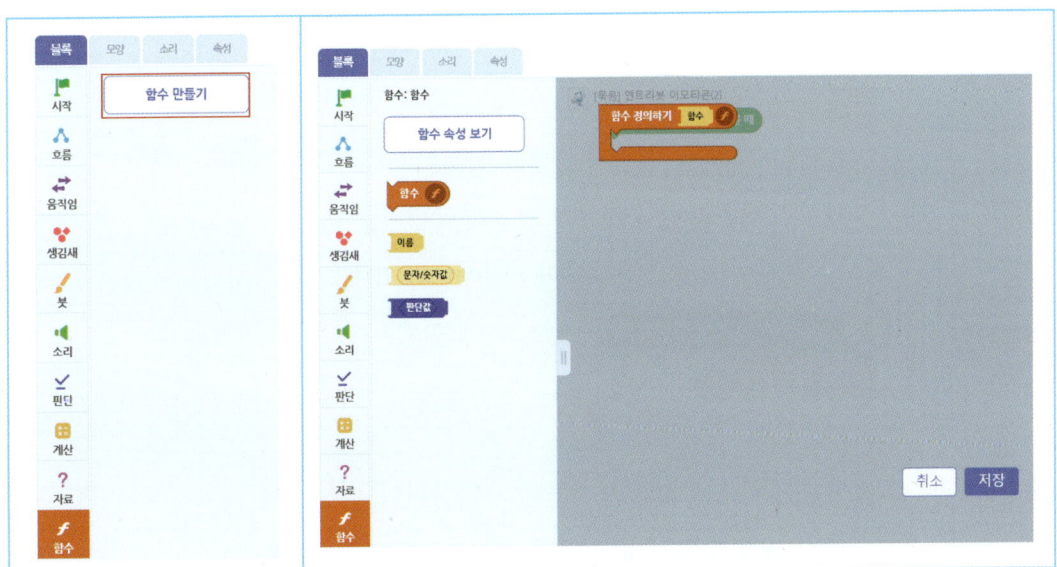

쉬는 시간이다 말하고, 모양을 2~10까지의 모양 번호로 무작위 변경해 줍니다. 배경의 교실문 위치로 1에서 10초 사이의 무작위 속도로 이동한 후에 모양 숨기기를 합니다. 저장 버튼을 클릭하여 함수 작성을 완료합니다.

 **코딩하기**

5 [센서] 오브젝트를 코딩합니다.

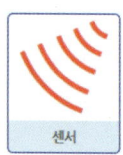
[시작하기 버튼을 클릭했을때] 모양을 1초 간격으로 보였다 숨겼다를 3번 반복 후 종소리 신호를 보냅니다.

6 [[묶음] 엔트리봇 이모티콘(2)] 오브젝트를 코딩합니다.

[종소리 신호를 받았을때] [쉬는 시간이다] 함수를 호출합니다.

7 [[묶음] 엔트리봇 이모티콘(2)]1 오브젝트를 코딩합니다.

[종소리 신호를 받았을때] [쉬는 시간이다] 함수를 호출합니다.

8 [[묶음] 엔트리봇 이모티콘(2)]2 오브젝트를 코딩합니다.

[종소리 신호를 받았을때] [쉬는 시간이다] 함수를 호출합니다.

🐾 전체 코드

- 작품 9 …… MC 꿈나무 멋진 나를 봐
- 작품 10 …… 손오공 분신술을 보여줘
- 작품 11 …… 우주 강국 대한민국 우주 쇼
- 작품 12 …… 나의 명령을 따라 그리시오
- 작품 13 …… 미로에서 잃어버린 돈 찾기
- 작품 14 …… 서프라이즈 생일 파티
- 작품 15 …… 락커와 함께 한국 무용수의 공연
- 작품 16 …… 배경을 움직여 강아지 산책시키기
- 작품 17 …… 배경 효과로 우주 여행하기
- 작품 18 …… 보물을 찾아 탐험을 떠나요
- 작품 19 …… 엔트리 봇 아바타 만들기
- 작품 20 …… 이상형 얼굴 찾기
- 작품 21 …… 우리나라 지역별 온도정보 표시하기

작품 ⑨ MC 꿈나무 멋진 나를 봐

 학습 목표
[신호]를 이용하여 무대 위의 모습을 스크린에 크게 확대하여 보여주는 작품을 만들어 봅시다.
- [신호]를 이용할 수 있습니다.
- [소리]를 추가하여 배경음악으로 사용할 수 있습니다.

핵심기능 신호, 소리 레벨 ★★☆☆☆

 **작품 미리보기** QR 코드   링크 주소 : https://youtu.be/bxw4lqA3QV0

작품 계획하기

1단계 무대 위 MC, 스크린 속 MC 오브젝트를 같은 모양으로 시작합니다.

2단계 무대 위 MC 오브젝트를 클릭할 때마다 모양이 바뀌고, 바뀔 때마다 스크린 속 MC에게 신호를 보내서 같은 모양으로 바꾸고 크게 보여줍니다.

 **작품 만들기**　　◆ 완성 파일 : MC꿈나무 멋진 나를 봐.ent

함께 만드는 강의QR 코드

링크 주소 : https://youtu.be/8Co7tf5Rob0

오브젝트 추가하기

1 [오브젝트 추가하기] 버튼을 클릭하여 [[묶음] 패션쇼 무대], [[묶음] MC 옆 모습] 오브젝트를 추가합니다. [[묶음] MC 옆 모습] 똑같은 오브젝트를 추가하기 위해 한 번 더 [오브젝트 추가하기] 버튼을 클릭하여 [[묶음] MC 옆 모습] 오브젝트를 추가합니다.

※ 오브젝트 목록에서 복제하여 사용해도 됩니다.

2 실행화면에 오브젝트를 원하는 위치에 놓고, 장면을 구성합니다.

🐶 신호 추가하기

3 [속성] ➜ [신호] ➜ [신호 추가하기] ➜ [나를 따라해] 신호를 추가합니다.

🐶 소리 추가하기

4 [[묶음] MC 옆 모습] 오브젝트를 클릭 한 후 [소리]탭을 선택하여 [공룡 댄스 송], [샤랑하고 등장] 소리를 추가합니다.

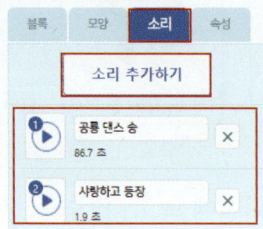

🐶 코딩하기

5 [[묶음] MC 옆 모습] 오브젝트를 코딩합니다.

[시작하기 버튼]을 클릭했을 때 [공룡 댄스 송] 소리를 재생하여 무대 음악으로 사용합니다. 첫 시작 모양을 [MC 옆 모습_1 모양 바꾸기]를 합니다. "저를 클릭해 주세요!" 실행 방법을 말하기 합니다.

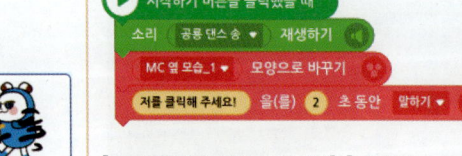

[오브젝트를 클릭했을 때] [샤랑하고 등장]하는 소리를 내며 [다음 모양으로 바꾸기]하고 [나를 따라해]신호를 보냅니다.

6 [[묶음] MC 옆 모습1] 오브젝트를 코딩합니다.

[시작하기 버튼]을 클릭했을 때 무대 위 MC모양과 같은 모양으로 시작하기 위해 [MC 옆 모습_1 모양바꾸기] 합니다.

MC옆모습 1

[나를 따라해] 신호를 받았을 때 [다음 모양으로 바꾸기] 하여 무대위 MC와 같은 모양을 합니다.

🐼 전체 코드

[묶음] MC 옆 모습 1

작품 손오공 분신술을 보여줘

> **학습 목표**
> [묻고 대답 기다리기]를 이용하여 한 몸이 여러 개로 나타나게 하는 분신술 작품을 만들어 봅시다.
> - [도장 찍기]를 응용할 수 있습니다.
> - [소리 추가하기]를 할 수 있습니다.
> - [묻고 대답 기다리기]의 대답 결과 값으로 분신 개수를 정할 수 있습니다.

핵심기능 입출력, 반복, 소리, 도장찍기   레벨 ★★☆☆☆

 **작품 미리보기**   QR 코드   링크 주소 : https://youtu.be/KYoSxNZlN7s

작품 계획하기

1단계 ▶ [시작하기 버튼]을 클릭했을 때 [묻고 대답 기다리기]를 이용해 분신 개수를 입력받습니다.

2단계 ▶ [대답] 값 만큼 손오공을 [도장찍기]하여 화면에 나타냅니다.

3단계 ▶ 손오공 분신을 만들 때마다 360도 회전하며 효과음을 넣습니다.

 **작품 만들기**　　　◆ 완성 파일 : 손오공 분신술을 보여줘.ent

함께 만드는
강의QR 코드

링크 주소 :
https://youtu.be/pYKfdAuYr08

오브젝트 추가하기

1 [오브젝트 추가하기] 버튼을 클릭하여 [숲속(1)], [십이간지-원숭이] 오브젝트를 추가합니다.

2 실행화면에 오브젝트를 원하는 위치에 놓고, 장면을 구성합니다.

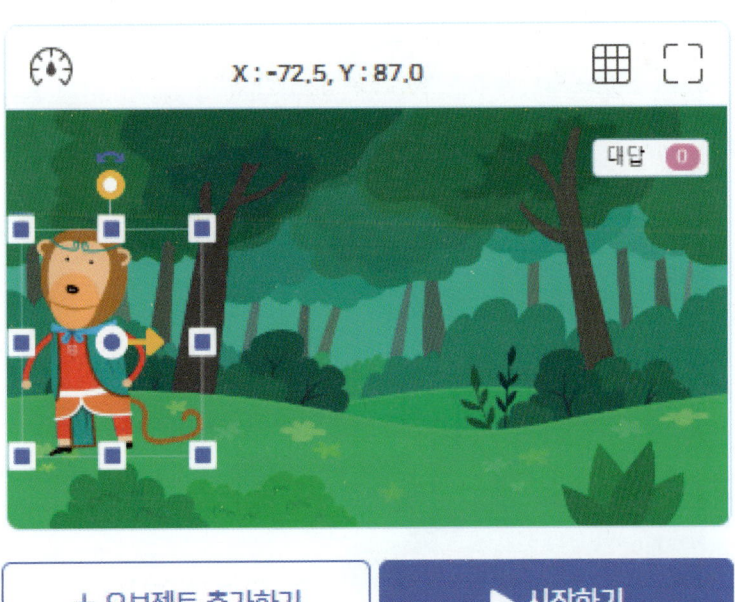

🐶 소리 추가하기

3 [십이간지-원숭이] 오브젝트를 클릭 한 후 [소리]탭을 선택하여 [야호1], [전자신호음2] 소리를 추가합니다.

🐶 코딩하기

4 [십이간지-원숭이] 오브젝트를 코딩합니다.

[시작하기 버튼]을 클릭 했을 때 [묻고 대답 기다리기]로 몇 마리의 분신을 원하는지 입력받습니다. 대답만큼 반복하여 손오공을 도장찍기합니다. 분신이 생길 때마다 [전자신호음2] 효과음이 나며 90도씩 4번 반복 360도 회전하고 이동 방향으로 70만큼 이동합니다. 분신술이 끝나면 [야호] 소리가 재생되고 "손오공 분신: 몇 마리"인지 2초 동안 말해 줍니다.

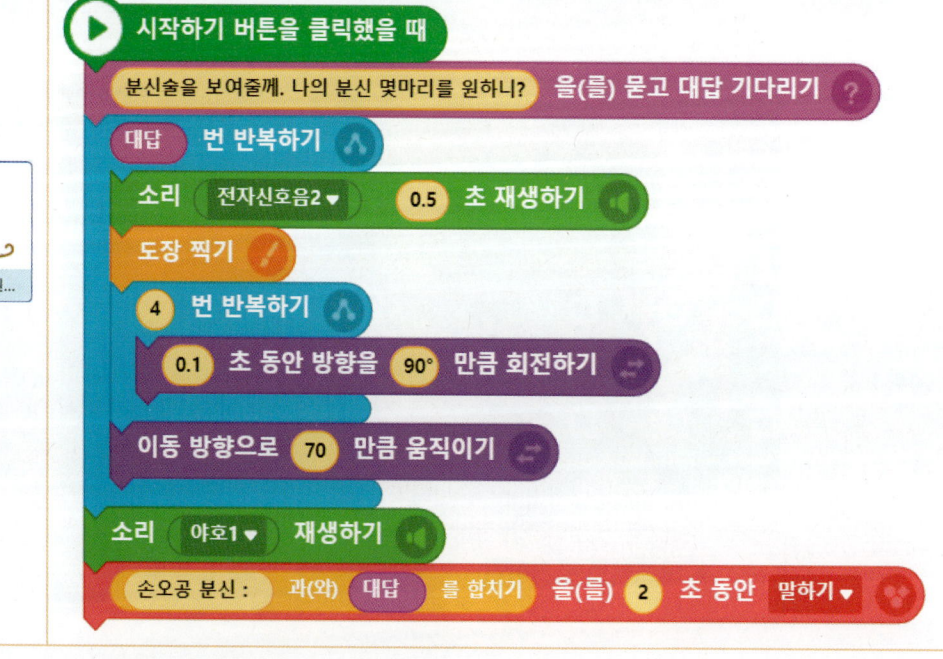

더 알고 가요! 오브젝트 이동방향 VS 방향

엔트리의 오브젝트에는 이동방향과 방향이 있습니다.

1 이동방향은 오브젝트가 이동하는 방향입니다.

오브젝트를 클릭했을 때,
노란색 화살표 방향이 오브젝트 이동방향입니다.

오브젝트는 이동방향으로 입력한 숫자 만큼 움직입니다.

2 방향은 중심점을 기준으로 오브젝트가 회전하는 방향입니다. 엔트봇으로 아래 코드를 참고하여 테스트하고 이해하고 넘어가세요!!

전체 코드

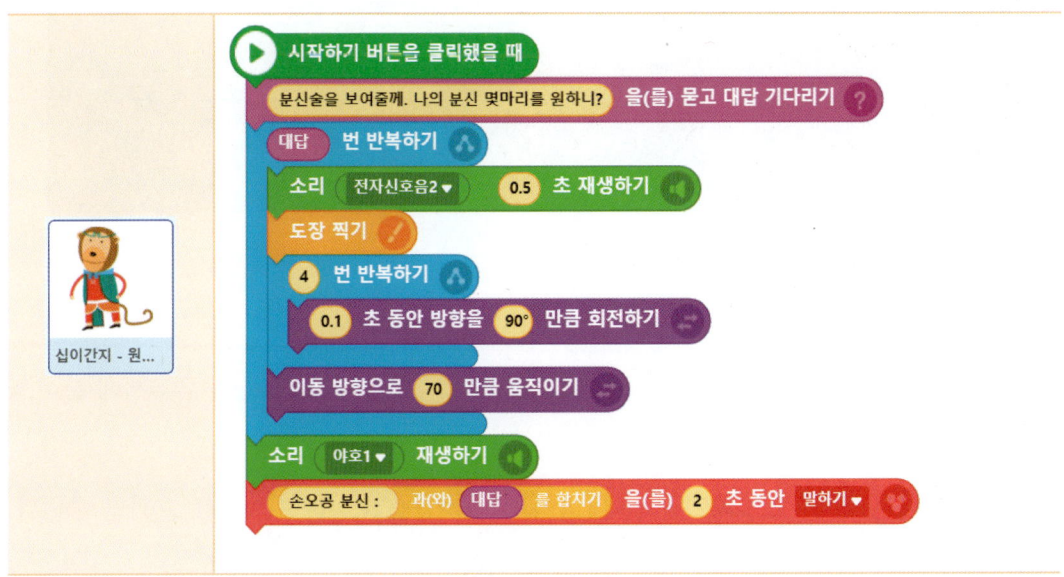

작품 11 우주 강국 대한민국 우주 쇼

학습 목표

[생김새] 카테고리 블록을 활용하여 우주 쇼 작품을 만들어 봅시다.
- [크기] 변화를 줄 수 있습니다.
- [색깔] 변화를 줄 수 있습니다.
- [밝기] 변화를 줄 수 있습니다.
- 오브젝트 목록의 우선순위를 이해할 수 있습니다.

핵심기능 반복, 생김새, 소리   레벨 ★★★☆☆

작품 미리보기   QR 코드   링크 주소 :
https://youtu.be/NKXfFYbRMOc

작품 계획하기

1단계 ▶ [시작하기 버튼]을 클릭했을 때 [태극기]는 우주선으로 이동하여 우주선에 붙어 우주공간을 움직입니다.

2단계 ▶ [빛나는 효과] 오브젝트를 통해 [밝기]와 [크기]를 조절하며 빛나는 효과를 줍니다.

3단계 ▶ 별은 [색깔] 효과와 [모양]의 변화를 줍니다.

 **작품 만들기** ◆ 완성 파일 : 우주 강국 대한민국 우주 쇼.ent

함께 만드는 강의QR 코드   링크 주소 : https://youtu.be/Qn-1gpxklEk

오브젝트 추가하기

1 [오브젝트 추가하기] 버튼을 클릭하여 [우주(2)], [로켓(2)], [빛나는 효과], [회전하는 별], [태극기] 오브젝트를 추가합니다.

우주(2)   로켓(2)   빛나는 효과   회전하는 별   태극기

2 실행화면에 오브젝트를 원하는 위치에 놓고, 장면을 구성합니다.

> **더 알고 가요!** 오브젝트 목록 우선 순위가 있어요
>
> 오브젝트 목록에는 오브젝트별 우선순위가 있습니다. 오브젝트 목록에서 위에 있는 것이 우선순위가 높아 밑에 있는 오브젝트 위에 표시됩니다.
>
> **로켓이 우선순위가 높아 태극기 위에 보여집니다.**
>
>
>
>
>
> **태극기가 우선순위가 높아 로켓 위에 보여집니다.**
>
>
>
> ※ 이번 작품을 만들 때 태극기가 로켓 아래에 있다면 오브젝트 목록에서 [태극기] 오브젝트를 선택하여 [로켓(2)] 오브젝트 위에 놓으면 됩니다.

소리 추가하기

3 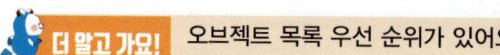 [빛나는 효과] 오브젝트를 클릭한 후 [소리] 탭을 선택하여 [별빛 터지는] 소리를 추가합니다.

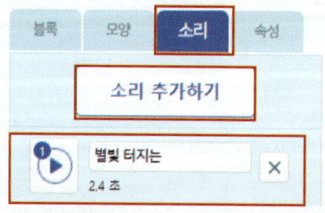

코딩하기

4 [태극기] 오브젝트를 코딩합니다.

 [시작하기 버튼]을 클릭했을 때 [로켓(2)] 위치로 이동하여 로켓이 움직일 때 같이 움직입니다.

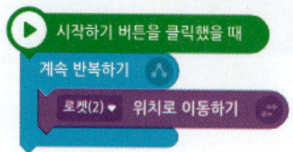

5 [로켓(2)] 오브젝트를 코딩합니다.

[시작하기 버튼]을 클릭했을 때 "우주 강국 대한민국"을 말하고, 우주선 모양에 맞게 이동방향을 50도로 수정합니다. 계속 반복하여 움직입니다. [화면 끝에 닿으면 튕기기] 합니다.

6 [빛나는 효과] 오브젝트를 코딩합니다.

[시작하기 버튼]을 클릭했을 때 [별빛 터지는] 소리를 2초 동안 재생하고, [밝기 효과를 -100]으로 정합니다. (밝기 효과의 범위는 -100 ~ 100입니다.)
10번 반복하여 밝기 효과를 주고, [무작위 수]를 이용해 크기를 정해 줍니다. 같은 효과를 계속 반복합니다.

7 [회전하는 별] 오브젝트를 코딩합니다.

[시작하기 버튼]을 클릭했을 때 색깔 효과를 주며 모양을 바꿔줍니다. (색깔 효과의 범위는 0 ~ 100입니다.)

전체 코드

작품 12 나의 명령을 따라 그리시오

 왕자의 명령에 따라 그림을 그리는 작품을 만들어 봅시다.
- 신호를 보내고 받을 수 있습니다.
- 중심점을 상황에 맞게 이동할 수 있습니다.

핵심기능 신호, 붓　　　　　　　　　　　　　　레벨 ★★★☆☆

 **작품 미리보기**　　　 QR 코드　링크 주소 : https://youtu.be/ajmbuRujgBk

작품 계획하기

 [시작하기 버튼]을 클릭했을 왕자는 마우스 포인터를 따라다닙니다.

 왕자가 [사각형, 삼각형] 오브젝트를 클릭하면 연필에게 그림을 그리라는 신호를 보냅니다.

 연필은 왕자의 명령에 따라 그림을 그립니다. 글자색, 글자 크기를 정해봅니다.

4단계 지우개를 클릭하면 연필에게 지우라는 신호를 주고, 연필은 다 지웁니다.

작품 만들기 ◆ 완성 파일 : 나의 명령을 따라 그리시오.ent

함께 만드는 강의QR 코드

링크 주소 : https://youtu.be/5Nik72G9apw

오브젝트 추가하기

1 [오브젝트 추가하기] 버튼을 클릭하여 [종이 접기 프레임], [왕자(1)], [사각형], [삼각형], [지우개 버튼], [연필(1)] 오브젝트를 추가합니다.

종이 접기 프레임 / 왕자(1) / 사각형 / 삼각형 / 지우개 버튼 / 연필(1)

2 실행화면에 오브젝트를 원하는 위치에 놓고, 장면을 구성합니다.

신호 추가하기

3 [속성] ➜ [신호] ➜ [신호 추가하기] ➜ [지우기], [삼각형], [사각형] 신호를 추가합니다.

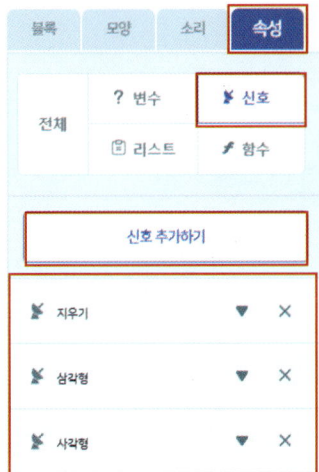

코딩하기

4 [사각형] 오브젝트를 코딩합니다.

[사각형] 오브젝트를 클릭했을 때 [사각형] 신호를 보냅니다.

5 [삼각형] 오브젝트를 코딩합니다.

[삼각형] 오브젝트를 클릭했을 때 [삼각형] 신호를 보냅니다.
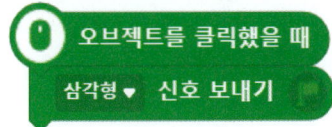

6 [지우개 버튼] 오브젝트를 코딩합니다.

[지우개 버튼] 오브젝트를 클릭했을 때 [지우기] 신호를 보냅니다.
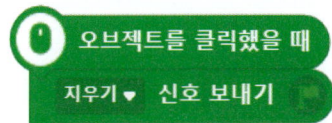

7 [왕자(1)] 오브젝트를 코딩합니다.

[시작하기 버튼]을 클릭 했을 때 "나의 명령에 따라 그림을 그리시오"라고 말하기 합니다. 계속 반복하며 [마우스포인터 위치로 이동하기]를 합니다.

마우스 포인터를 따라다니는 왕자가 사각형을 클릭하면 [사각형] 오브젝트의 신호를 받아 [왕자]가 "사각형을 그리시오" 명령합니다.

[삼각형]신호를 받으면 "삼각형을 그리시오" 명령합니다.

[지우기]신호를 받으면 "깨끗하게 지우시오" 명령합니다.

8 [연필(1)] 오브젝트를 코딩합니다.

[사각형] 신호를 받았을 때 왕자가 말하는 시간인 1초를 기다려 줍니다. 그리기 색, 굵기를 정하고 그리기 시작합니다.

[이동 방향으로 100만큼 움직이기]하여 한 변을 그리고, 정사각형의 외각의 크기가 90도이므로 [방향을 90도만큼 회전하기] 하기합니다. 이렇게 3번 더 반복하여 정사각형을 그린 후 [그리기 멈추기]를 합니다.

외각 90도

[삼각형] 신호를 받았을 때 왕자가 말하는 시간인 1초를 기다려 줍니다. 붓의 색을 무작위로 정하고, 붓의 투명도를 정한 후 그리기 시작합니다.

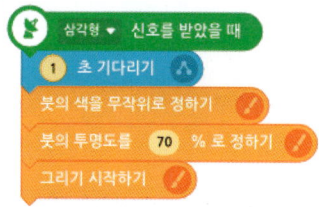

[이동 방향으로 100만큼 움직이기]하여 한 변을 그리고, 정삼각형의 외각의 크기가 120도이므로 [방향을 120도만큼 회전하기] 하기를 합니다. 이렇게 2번 더 반복하여 정삼각형을 그립니다.

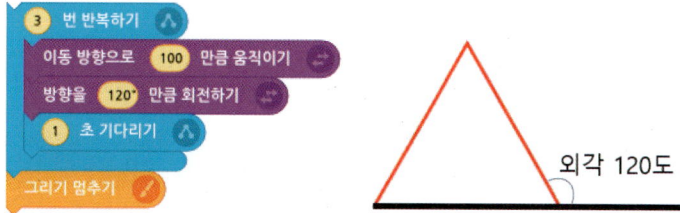

[지우기] 신호를 받았을 때 1초 후 모두 지웁니다.

더 알고 가요! 오브젝트 중심점

오브젝트에는 오브젝트의 기준이 되는 중심점이 있습니다. 중심점 위치도 변경할 수 있습니다.

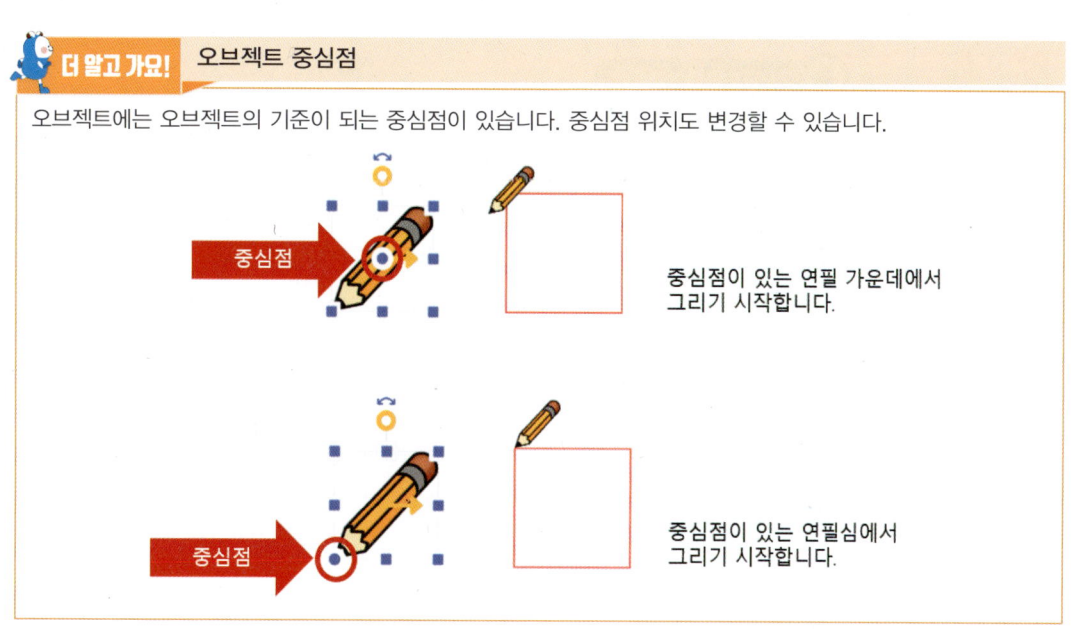

Part 02_코딩 날개 달기 **103**

더 알고 가요! 오브젝트 목록 우선순위가 있나요?

오브젝트 목록에는 오브젝트별 우선순위가 있습니다. 오브젝트 목록에서 위에 있는 것이 우선순위가 높아 밑에 있는 오브젝트 위에 표시됩니다.

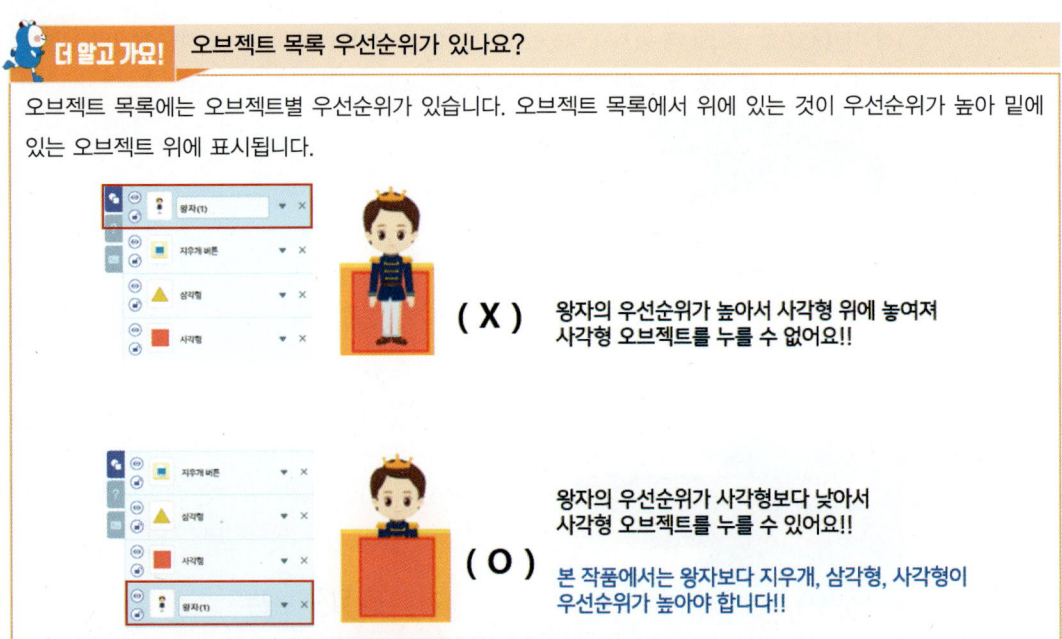

전체 코드

왕자(1)

- 사각형▼ 신호를 받았을 때
  - 사각형을 그리시오 을(를) 1 초 동안 말하기▼
- 삼각형▼ 신호를 받았을 때
  - 삼각형을 그리시오 을(를) 1 초 동안 말하기▼
- 지우기▼ 신호를 받았을 때
  - 깨끗하게 지우시오 을(를) 1 초 동안 말하기▼

연필(1)

- 사각형▼ 신호를 받았을 때
  - 1 초 기다리기
  - 그리기 색을 ■ (으)로 정하기
  - 그리기 굵기를 2 (으)로 정하기
  - 그리기 시작하기
  - 4 번 반복하기
    - 이동 방향으로 100 만큼 움직이기
    - 방향을 90° 만큼 회전하기
    - 1 초 기다리기
  - 그리기 멈추기

- 삼각형▼ 신호를 받았을 때
  - 1 초 기다리기
  - 붓의 색을 무작위로 정하기
  - 붓의 투명도를 70 % 로 정하기
  - 그리기 시작하기
  - 3 번 반복하기
    - 이동 방향으로 100 만큼 움직이기
    - 방향을 120° 만큼 회전하기
    - 1 초 기다리기
  - 그리기 멈추기

작품 13 — 미로에서 잃어버린 돈 찾기

학습 목표

키보드의 화살표를 눌렀을 때 왼쪽/오른쪽/위쪽/아래쪽으로 움직여 진짜 돈을 찾는 미로 작품을 만들어 봅시다.
- 키보드의 화살표를 이용하여 조종기처럼 이동시킬 수 있습니다.
- [선택 구조]를 이용하여 결과에 따라 다른 명령을 줄 수 있습니다.

핵심기능 ▶ 좌표, 선택   레벨 ★★★☆☆

 **작품 미리보기**   QR 코드   링크 주소 : https://youtu.be/ITP_X2ixmMk

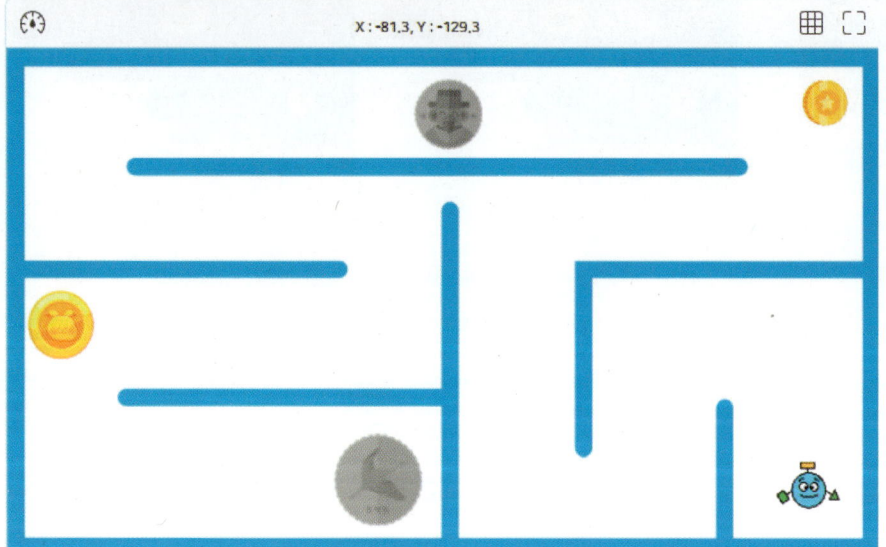

작품 계획하기

1단계▶ 소피는 키보드의 방향 화살표를 이용해 상하좌우 움직입니다.

2단계▶ 백원, 오백원 동전에 닿으면 "찾았다"를 외칩니다.

3단계▶ 노란 동전 장애물에 닿으면 "진짜 돈이 아니야"라고 말하고 [시작 위치]로 이동합니다. 미로 벽에 닿으면 [시작 위치]로 이동합니다.

4단계▶ [노란 동전], [엔트리 동전] 오브젝트는 장애물로 크기와 위치가 변합니다.

 **작품 만들기**　　　◆ 완성 파일 : 미로에서 잃어버린 돈 찾기.ent

함께 만드는
강의QR 코드 　링크 주소 :
https://youtu.be/Ubr1P0S5uHw

오브젝트 추가하기

1 [오브젝트 추가하기] 버튼을 클릭하여 [미로(1)], [소피], [동전], [엔트리 동전], [백원동전], [오백원동전] 오브젝트를 추가합니다.

미로(1)　　소피　　동전　　엔트리 동전　　백원동전　　오백원동전

2 실행화면에 오브젝트를 원하는 위치에 놓고, 장면을 구성합니다.

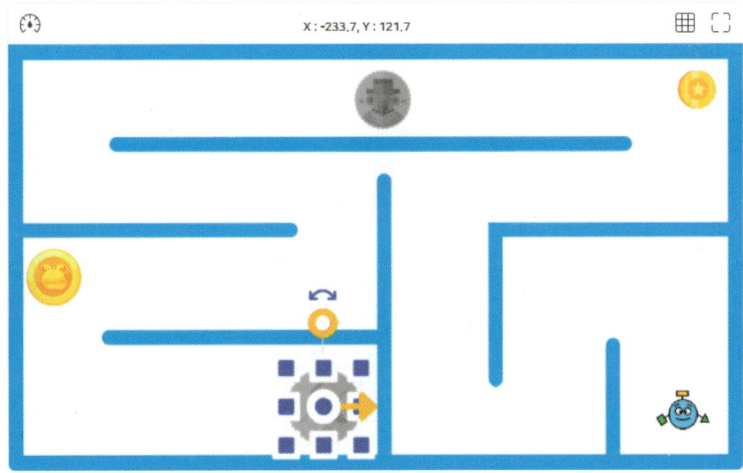

🐹 오브젝트 수정하기

3 [소피] 오브젝트의 [모양]이름을 수정합니다.

🐹 소리 추가하기

4 [소피] 오브젝트를 클릭 한 후 [소리]탭을 선택하여 [천천히 걷는 길] 소리를 추가합니다.

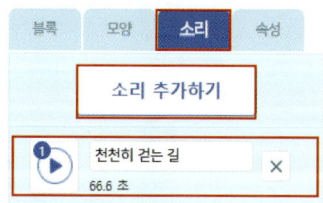

🐹 코딩하기

5 [동전] 오브젝트를 코딩합니다.

[시작하기 버튼]을 클릭했을 때 [크기를 10~30 사이의 무작위 수로 정하기]하여 크기를 크게, 작게 효과를 주며 크기를 바꿔줍니다. 동전의 모양을 바꿔주며 빙빙 도는 효과를 줍니다.

6 [엔트리동전] 오브젝트를 코딩합니다.

[시작하기 버튼]을 클릭했을 때 [2초 동안 위치로 이동하기]블록을 사용하여 위치를 이동시키고 모양을 바꾸며 [소피]가 가는 길을 방해합니다.(y좌표의 위치를 변경하여 난이도 조절가능)

7 [소피] 오브젝트를 코딩합니다.

[시작하기 버튼]을 클릭했을 때 [천천히 걷는 길] 배경음악을 넣어줍니다. [소피]가 [미로(1)], [엔트리 동전]에 닿았는지 계속 체크하며 닿았다면 시작 위치로 이동시킵니다.

[왼쪽 화살표], [오른쪽 화살표]를 눌렀을 때 x좌표를 바꿔 이동하며 가는 방향으로 모양 바꾸기 합니다.

[위쪽 화살표], [아래쪽 화살표]를 눌렀을 때 y좌표를 바꿔 이동하며 [소피_뒷모습] 모양으로 바꾸기 합니다.

8 [백원동전] 오브젝트를 코딩합니다.

[시작하기 버튼]을 클릭했을 때 [소피]에 닿으면 "찾았다 백원"을 말하며 [모양 숨기기] 합니다. 닿지 않았다면 [다음 모양으로 바꾸기] 합니다.

9 [오백원 동전] 오브젝트를 코딩합니다.

[시작하기 버튼]을 클릭했을 때 [소피]에 닿으면 "찾았다 오백원"을 말하며 [모양 숨기기] 합니다. 닿지 않았다면 [다음 모양으로 바꾸기] 합니다.

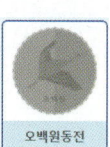

🐼 전체 코드

소피

- 시작하기 버튼을 클릭했을 때
- 소리 `천천히 걷는 길` 재생하기
- 계속 반복하기
  - 만일 `미로(1)`에 닿았는가? (이)라면
    - x: 200 y: -100 위치로 이동하기
  - 만일 `엔트리 동전`에 닿았는가? 또는 `동전`에 닿았는가? (이)라면
    - `이건 진짜 돈이야!!`을(를) 1 초 동안 말하기
    - x: 200 y: -100 위치로 이동하기

- 위쪽 화살표 키를 눌렀을 때
  - y 좌표를 10 만큼 바꾸기
  - `소피_뒷모습` 모양으로 바꾸기

- 왼쪽 화살표 키를 눌렀을 때
  - x 좌표를 -10 만큼 바꾸기
  - `소피_왼쪽` 모양으로 바꾸기

- 아래쪽 화살표 키를 눌렀을 때
  - y 좌표를 -10 만큼 바꾸기
  - `소피_뒷모습` 모양으로 바꾸기

- 오른쪽 화살표 키를 눌렀을 때
  - x 좌표를 10 만큼 바꾸기
  - `소피_오른쪽` 모양으로 바꾸기

백원동전

- 시작하기 버튼을 클릭했을 때
- 계속 반복하기
  - 만일 `소피`에 닿았는가? (이)라면
    - `찾았다 백원!`을(를) 1 초 동안 말하기
    - 모양 숨기기
  - 아니면
    - 다음 모양으로 바꾸기
  - 0.25 초 기다리기

오백원동전

- 시작하기 버튼을 클릭했을 때
- 계속 반복하기
  - 만일 `소피`에 닿았는가? (이)라면
    - `찾았다 오백원!`을(를) 1 초 동안 말하기
    - 모양 숨기기
  - 아니면
    - 다음 모양으로 바꾸기
  - 0.25 초 기다리기

작품 14 서프라이즈 생일 파티

학습 목표

친구의 생일날 친구를 즐겁게하기 위해 [복제]를 이용하여 선물 상자를 만들어내는 서프라이즈 생일 파티 작품을 만들어 봅시다.

- 내가 생각하는 대로 즐거운 스토리를 계획할 수 있습니다.
- 다양한 모양 중 상황에 맞는 모양으로 바꿀 수 있습니다.
- 마우스를 클릭할 때마다 오브젝트를 [복제]할 수 있습니다.

 복제    레벨 ★★★☆☆

작품 미리보기 QR 코드 링크 주소 : https://youtu.be/-JQ-goT4Urg

작품 계획하기

1단계 친구에게 서프라이즈 선물을 하기 위한 스토리를 작성합니다.

2단계 스토리에 따라 오브젝트 모양을 변화시킵니다.

3단계 [마우스를 클릭했을 때] [선물상자] 오브젝트는 [선물상자] 복제본을 만듭니다.

4단계 [마우스를 클릭했을 때] [엔트리봇] 오브젝트는 박수를 치며 친구의 생일을 축하합니다.

 **작품 만들기** ◈ 완성 파일 : 서프라이즈 생일 파티.ent

함께 만드는 강의QR 코드 링크 주소 : https://youtu.be/yyu9G5cpliY

오브젝트 추가하기

1 [오브젝트 추가하기] 버튼을 클릭하여 [생일파티], [[묶음]엔트리봇 이모티콘], [선물 상자] 오브젝트를 추가합니다.

2 실행화면에 오브젝트를 원하는 위치에 놓고, 장면을 구성합니다.

소리 추가하기

3  [[묶음]엔트리봇 이모티콘] 오브젝트를 클릭 한 후 [소리]탭을 선택하여 [아이 웃으며 박수] 소리를 추가합니다.

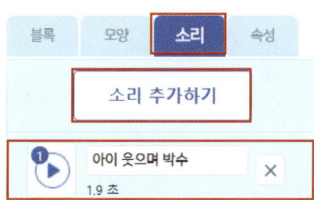

 코딩하기

4 [[뮤음]엔트리봇 이모티콘] 오브젝트를 코딩합니다.

[시작하기 버튼]을 클릭했을 때 [민망 이모티콘] 모양으로 바꾼 후 "선물을 준비하지 못했다"고 말합니다. [속상 이모티콘] 모양으로 바꾼 후 "마우스를 클릭해봐"라고 말합니다.

```
시작하기 버튼을 클릭했을 때
민망 이모티콘 모양으로 바꾸기
친구야 생일 축하해! 내가 선물을 준비 못했어T.T 을(를) 2 초 동안 말하기
속상 이모티콘 모양으로 바꾸기
마우스를 클릭해봐!! 을(를) 2 초 동안 말하기
```

[마우스]를 클릭했을 때 [축하해 이모티콘]으로 모양을 바꾸고 서프라이즈 임을 밝히며 [아이 웃으며 박수] 소리를 재생합니다.

```
마우스를 클릭했을 때
축하해 이모티콘 모양으로 바꾸기
소리 아이 웃으며 박수 0.5 초 재생하기
서프라이즈~~!! 친구야 생일 축하해 을(를) 2 초 동안 말하기
```

5 [선물 상자] 오브젝트를 코딩합니다.

[시작하기 버튼]을 클릭했을 때 [선물상자] 모양을 숨깁니다.

```
시작하기 버튼을 클릭했을 때
모양 숨기기
```

[마우스]를 클릭했을 때 이동 방향을 회전하여 바꾸고, 자신의 복제본을 만듭니다.

```
마우스를 클릭했을 때
이동 방향을 30° 만큼 회전하기
자신 의 복제본 만들기
```

[복제본이 처음 생성되었을 때] 모양이 보이고, 계속 반복하여 이동 방향으로 움직이며 화면 끝에 닿으면 튕깁니다.

```
복제본이 처음 생성되었을때
모양 보이기
계속 반복하기
  이동 방향으로 10 만큼 움직이기
  0.1 초 기다리기
  화면 끝에 닿으면 튕기기
```

더 알고 가요! 복제란?

복제란? 본디의 것과 똑같은 것을 만든 것 입니다. 어떤 오브젝트의 모양이 같은 오브젝트가 필요할 때 복제를 사용합니다. 하지만 원본과 복제본은 같은 모양을 가졌지만 역할이 다를 수 있습니다.

[복제와 관련된 블록을 알아보기]

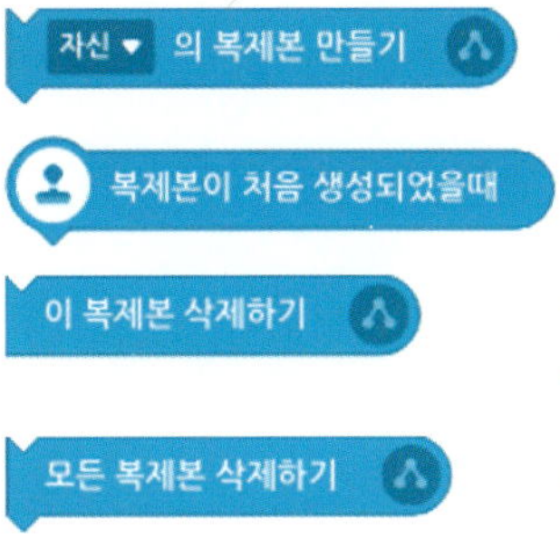

- `자신▼ 의 복제본 만들기` : 선택한 오브젝트의 복제본을 생성합니다.
- `복제본이 처음 생성되었을때` : 해당 오브젝트의 복제본이 새로 생성되었을 때 아래에 연결된 블록들을 실행합니다.
- `이 복제본 삭제하기` : '복제본이 처음 생성되었을 때' 블록과 함께 사용되며, 연결된 블록들이 실행되고 있는 복제본을 삭제합니다.
- `모든 복제본 삭제하기` : 해당 오브젝트의 모든 복제본을 삭제합니다.

전체 코드

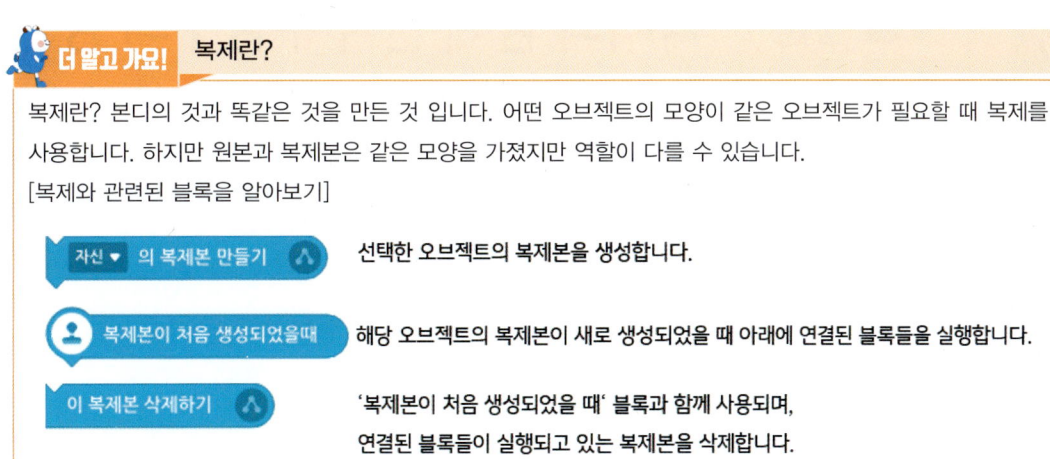

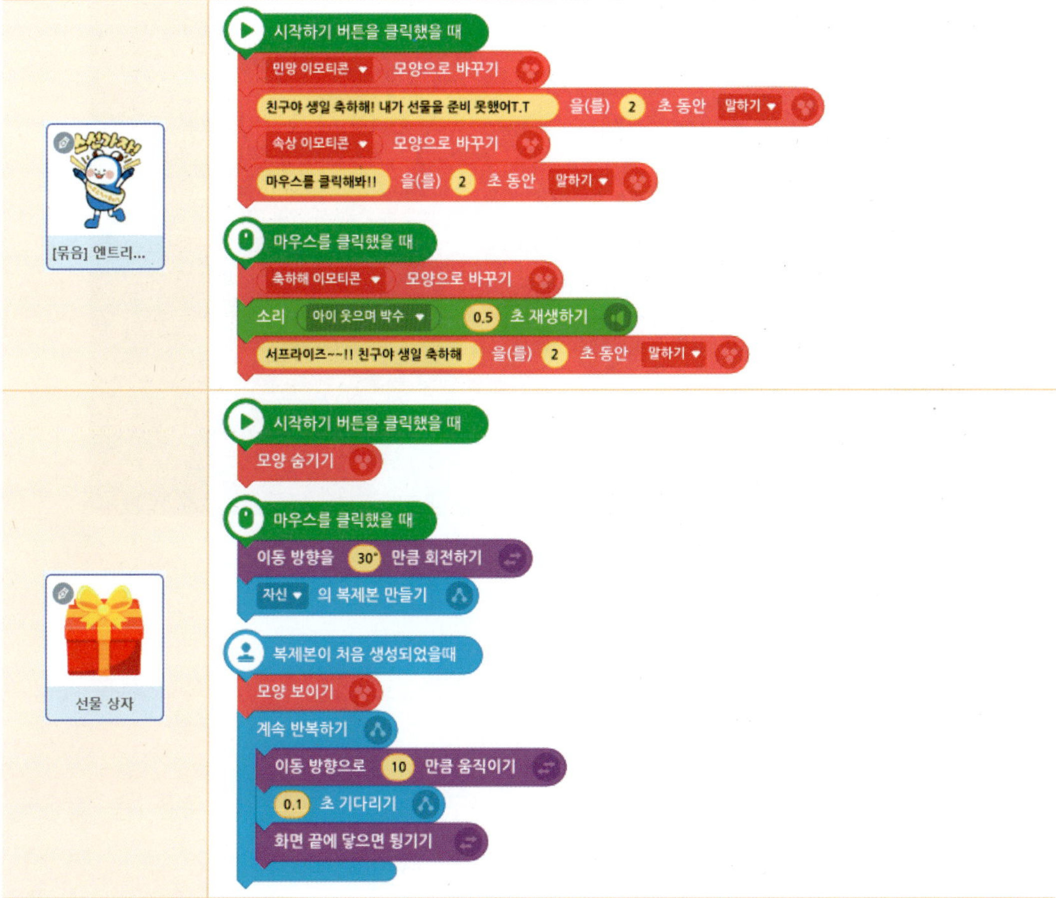

작품 15 · 락커와 함께 한국 무용수의 공연

학습 목표
상대적 좌표를 이용하여 한국 무용수들이 같이 이동하고 같은 동작을 하며 락커와 함께 공연하는 작품을 만들어 봅시다.
- [좌표]를 알고 [상대적 좌표]를 이해할 수 있습니다.
- [마우스 클릭했을 때] 이벤트를 이용할 수 있습니다.

핵심기능 상대좌표, 절대좌표   레벨 ★★★☆☆

작품 미리보기   QR 코드   링크 주소 :
https://youtu.be/C3OABVJ6Bd4

 **작품 계획하기**

1단계▶ [시작하기 버튼]을 클릭했을 [장구]는 앞 무용수로 이동하고, 왼쪽/오른쪽 무용수는 앞 무용수를 기준으로 정해진 거리 위치에 놓입니다.

2단계▶ [마우스]를 클릭할 때마다 앞 무용수는 장구를 치고, 뒤에 있는 무용수는 같은 춤을 춥니다.

3단계▶ [마우스]를 클릭할 때마다 [락커]는 기타를 치며 함께 공연합니다.

116 한 권으로 끝내는 엔트리와 40개의 작품들

 ## 작품 만들기

◆ 완성 파일 : 락커와 함께 한국 무용수의 공연.ent

함께 만드는 강의QR 코드

링크 주소 :
https://youtu.be/uZgkAMBp0e8

오브젝트 추가하기

1 [오브젝트 추가하기] 버튼을 클릭하여 [[묶음] 패션쇼 무대], [한국 무용수], [장구_1], [락커(1)] 오브젝트를 추가합니다.

오브젝트 복제하기

2 [오브젝트 목록]에서 [한국 무용수] 오브젝트에 마우스 커서를 놓고 오른쪽 마우스 버튼을 클릭합니다. [복제하기]를 누르면 [한국 무용수1]이 복제됩니다. 동일한 방법으로 [한국 무용수2]를 복제합니다.

3 실행화면에 오브젝트를 원하는 위치에 놓고, 장면을 구성합니다.(한국 무용수1은 오른쪽, 한국 무용수2는 왼쪽에 놓습니다.)

🐶 소리 추가하기

4 [장구_1] 오브젝트를 클릭 한 후 [소리]탭을 선택하여 [장구 채편] 소리를 추가합니다.

5 [락커(1)] 오브젝트를 클릭 한 후 [소리]탭을 선택하여 [닫힌 하이햇(치)] 소리를 추가합니다.

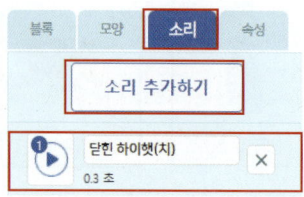

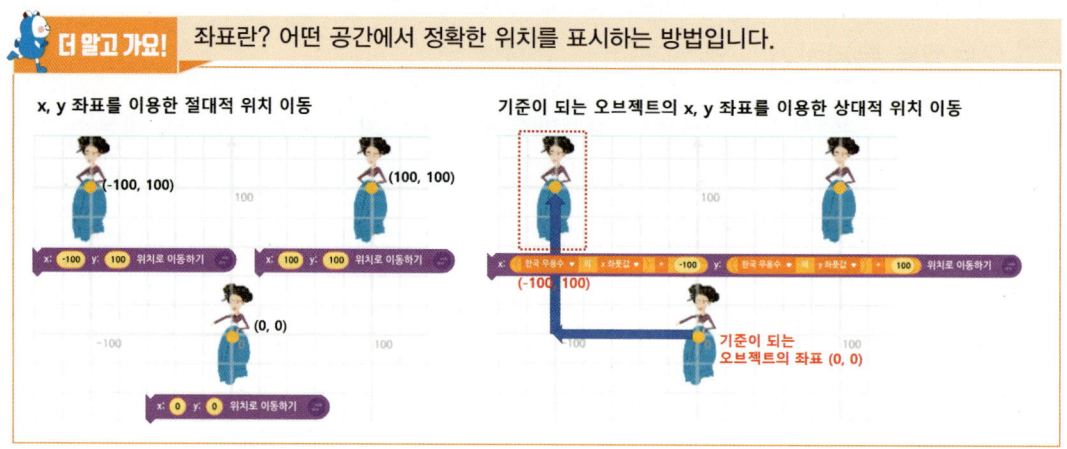

🐶 코딩하기

6 [장구_1] 오브젝트를 코딩합니다.

[시작하기 버튼]을 클릭했을 때 [한국 무용수] 위치로 계속 이동합니다. [마우스를 클릭했을 때] 장구 치는 소리를 냅니다.

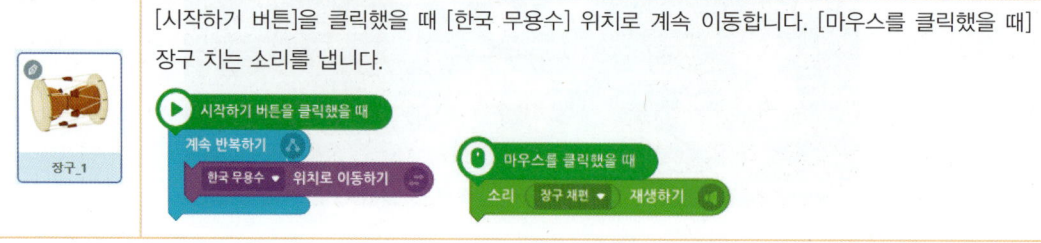

118 한 권으로 끝내는 엔트리와 40개의 작품들

7 [한국 무용수] 오브젝트를 코딩합니다.

[시작하기 버튼]을 클릭했을 때 "마우스를 클릭할 때마다 공연합니다" 실행 방법을 말해 줍니다. [마우스포인터] 위치를 따라다닙니다.

[마우스를 클릭했을 때], [한국 무용수_3]모양으로 바꾸며 북을 치기 전 모양으로 바꿉니다.

[마우스를 클릭했을 해제했을 때] [한국 무용수_4]모양으로 바꾸며 북을 친 모양으로 바꿉니다.

[한국 무용수]

8 [한국 무용수1] 오브젝트를 코딩합니다.

[시작하기 버튼]을 클릭했을 때 [한국 무용수]의 위치를 기준으로
[x좌표값]보다 +90, [y좌표값]보다 +50의 상대적 위치로 이동합니다.

[한국 무용수1]

[마우스를 클릭했을 때] [다음 모양으로 바꾸기]하여 춤을 춥니다.

9 [한국 무용수2] 오브젝트를 코딩합니다.

[시작하기 버튼]을 클릭했을 때 [한국 무용수]의 위치를 기준으로
[x좌표값]보다 −90, [y좌표값]보다 +50의 상대적 위치로 이동합니다.

[한국 무용수2]

[마우스를 클릭했을 때] [다음 모양으로 바꾸기]하여 춤을 춥니다.

10 [락커(1)] 오브젝트를 코딩합니다.

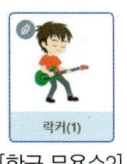

[한국 무용수2]

[마우스를 클릭했을 때] 기타 치는 모습을 표현하기 위해 [락커(1)]의 모양을 바꾸며 소리를 재생합니다.

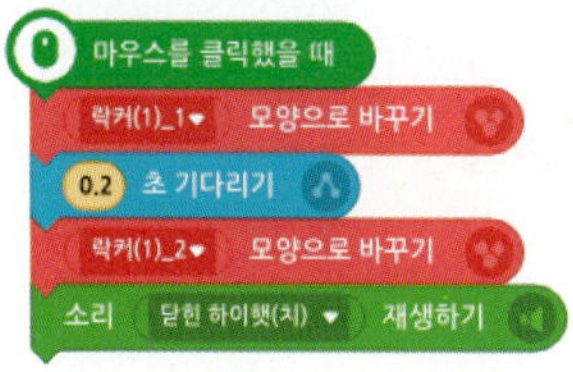

전체 코드

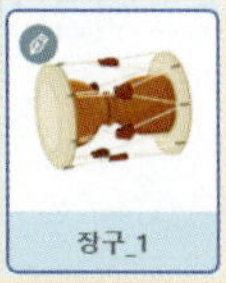

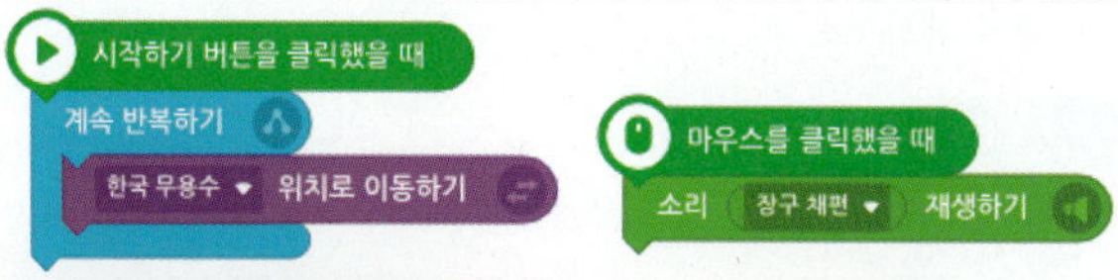

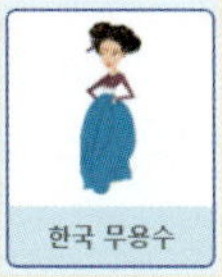

[한국 무용수]

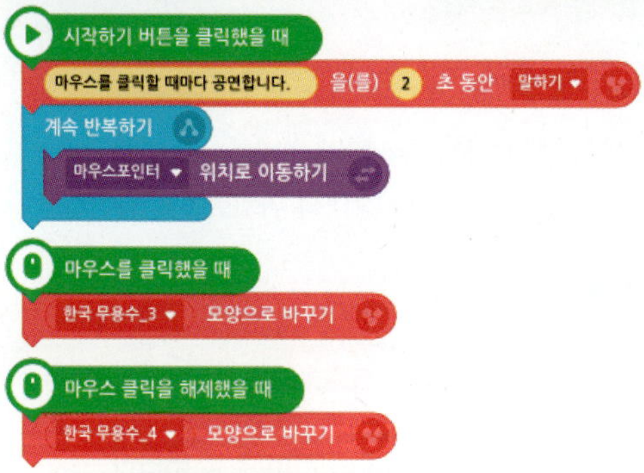

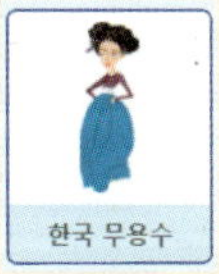

[한국 무용수1]

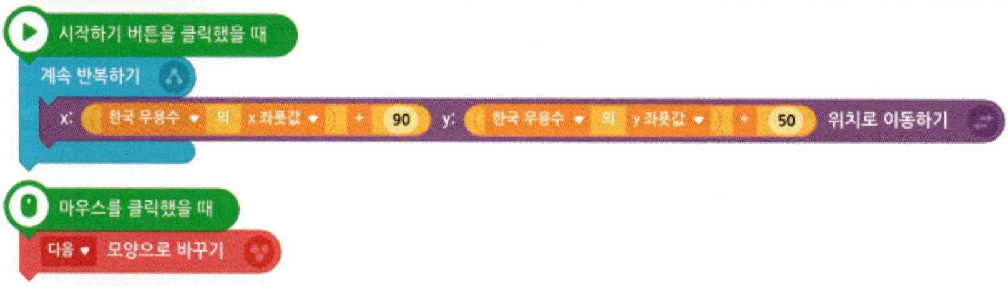

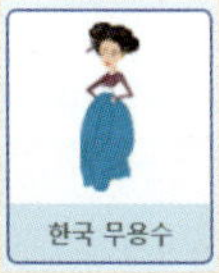

[한국 무용수2]

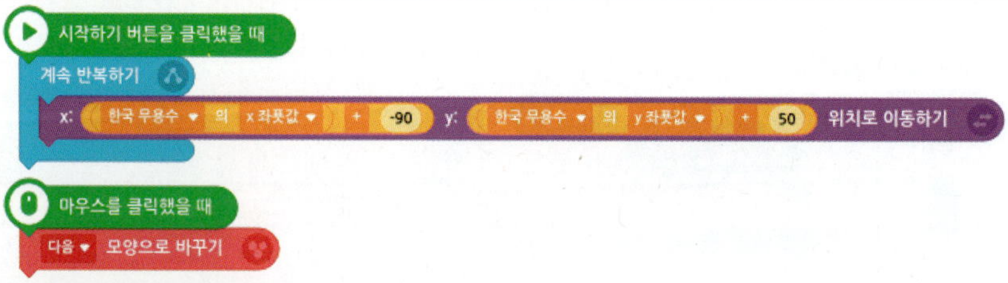

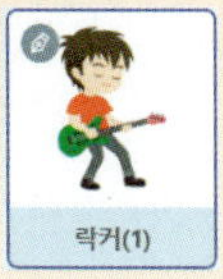

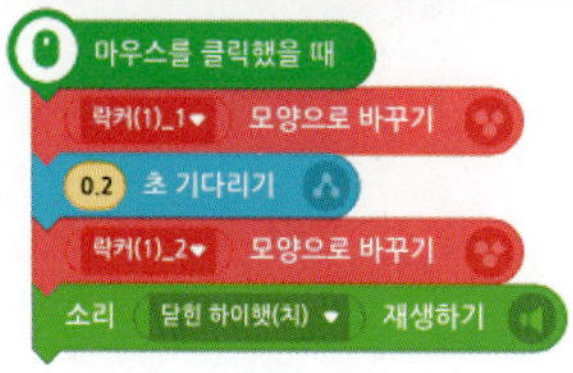

작품 16 배경을 움직여 강아지 운동시키기

 [배경] 화면의 x좌표을 움직여 움직이는 작품을 만들어 봅시다.
- 실행화면의 x축, y축 좌표를 이해 할 수 있습니다.
- x좌표값을 이동시켜 움직이는 작품을 만들 수 있습니다.

핵심기능 좌표, 선택   레벨 ★★☆☆☆

 **작품 미리보기**   QR 코드   링크 주소 : https://youtu.be/sycXVyOU5Mg

 작품 계획하기

1단계 [배경]화면 똑같은 것 2개를 준비하기 위해 [배경] 오브젝트를 [복제]합니다..

2단계 [시작하기 버튼]을 클릭했을 때 [실행화면]에 보이는 [배경], 보이지 않지만 [복제 배경] 위치를 정해줍니다.

3단계 x좌표를 반복해서 왼쪽으로 이동시킵니다.

4단계 [실행화면]에서 [배경]이 보이지 않을 때, x좌표를 이동시켜 다시 보이게 합니다.

Part 02_코딩 날개 달기 121

작품 만들기 ◆ 완성 파일 : 배경을 움직여 강아지 운동시키기.ent

함께 만드는 강의QR 코드

링크 주소 :
https://youtu.be/KzCPRdoOO_0

오브젝트 추가하기

1 [오브젝트 추가하기] 버튼을 클릭하여 [울타리], [강아지] 오브젝트를 추가합니다.

오브젝트 복제하기

2 [오브젝트 목록]에서 [울타리] 오브젝트에 마우스 커서를 놓고 오른쪽 마우스 버튼을 클릭합니다. [복제하기]를 누르면 화면이 복제됩니다.

※ 동일한 코드를 사용할 때 코딩이 끝난 후 복제하면 코드도 같이 복제됩니다.

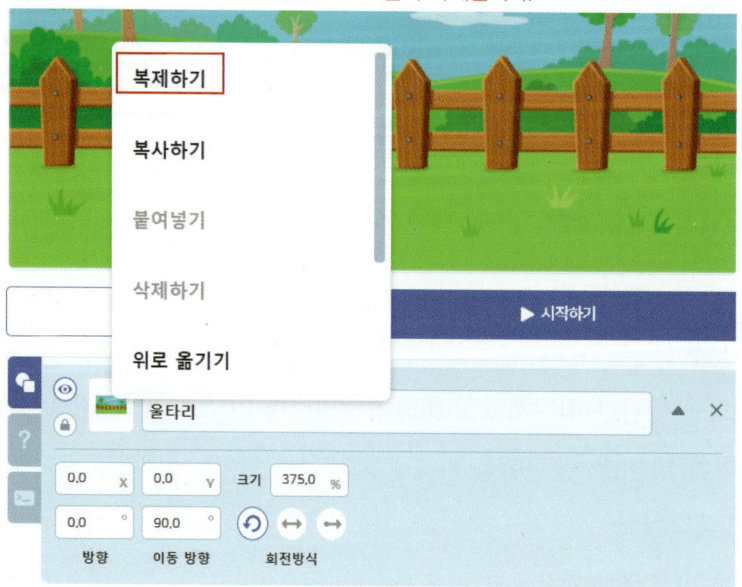

❸ 오브젝트 목록에서 복제된 [울타리1]을 확인합니다. 오브젝트 목록에서 우선순위를 강아지가 가장 위에 오도록 [울타리1]을 강아지 아래로 이동시킵니다.

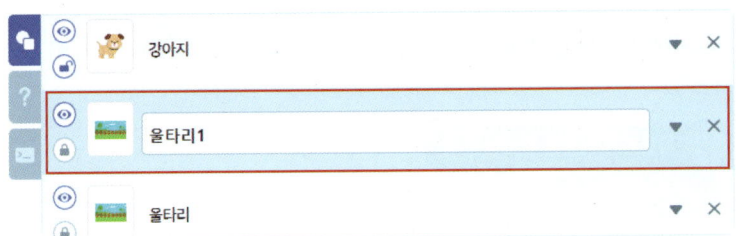

 실행화면 좌표

실행화면 위에 ⊞ 모눈종이를 클릭히면 좌표가 표시되도록 합니다.
실행화면은 x축(가로축)방향으로 -240 ~ 240으로 가로축 너비는 480,
y축(세로축) 방향으로 -135 ~ 135로 세로축 너비는 270으로 이루어져있습니다.

> **좌표란?**
> 좌표는 어떤 공간에서 정확한 위치를 표시하는 방법입니다.
> 직선, 평면, 공간상의 점의 위치를 나타내는 수나 수의 짝을 이르는 말입니다.

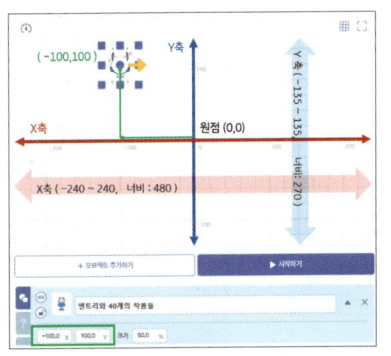

옆으로 움직이는 배경을 만들기 위해서는 [배경A], [배경B] 2개를 x좌표를 동시에 이동시키면 움직이는 것처럼 보입니다.

[배경A] x좌표값이 -480이하가 될 때, x좌표를 480으로 이동시킵니다.

※ 상하로 움직이는 배경을 만들고 싶을 때는 y좌표를 이용해 보세요.

 코딩하기

4 [울타리] 오브젝트를 코딩합니다.

[시작하기 버튼을 클릭 했을 때] 배경을 왼쪽으로 이동시키기 위해[x좌표]를 -3만큼 바꿔줍니다. x좌표값이 -480이하가 되면 [x좌표]를 480으로 이동시킵니다.

5 [울타리1] 오브젝트를 코딩합니다.

[시작하기 버튼]을 클릭 했을 때 실행화면에는 보이지 않지만 [x좌표] 480 위치로 이동합니다. 배경을 왼쪽으로 이동시키기 위해[x좌표]를 -3만큼 바꿔줍니다. x좌표값이 -480이하가 되면 [x좌표] 480으로 이동시킵니다.

6 [강아지] 오브젝트를 코딩합니다.

[시작하기 버튼]을 클릭했을 때 강아지는 반복하여 [다음 모양바꾸기]를 합니다. 바뀐 모양을 0.5초 보여주기 위해 [0.5 초 기다리기] 합니다. 배경이 움직여 강아지가 움직이는 효과가 납니다.

 전체 코드

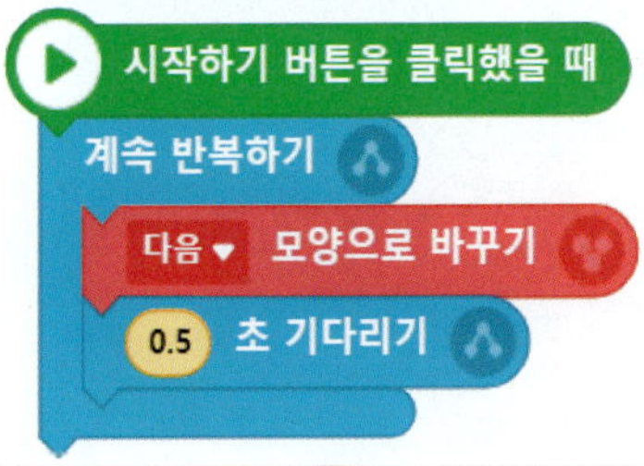

작품 17   배경을 움직여 우주 여행하기

 학습 목표

[배경] 화면의 y좌표을 움직여 우주 공간이 움직이는 작품을 만들어 봅시다.
- 실행화면의 x축, y축 좌표를 이해 할 수 있습니다.
- y좌표값을 이동시켜 움직이는 작품을 만들 수 있습니다.
- 우주 공간에서 우주선을 조종할 수 있습니다.

핵심기능   좌표, 선택   레벨 ★★☆☆☆

 **작품 미리보기**   QR 코드   링크 주소 : https://youtu.be/jbMj4iBpHtk

 **작품 계획하기**

1단계 ▶ [배경]화면 똑같은 것 2개를 준비하기 위해 [배경] 오브젝트를 [복제]합니다.

2단계 ▶ [시작하기 버튼]을 클릭했을 때 [실행화면]에 보이는 [배경], 보이지 않지만 [복제배경] 위치를 정해줍니다.

3단계 ▶ y좌표를 반복해서 아래쪽으로 이동시킵니다.

4단계 ▶ [실행화면]에서 [배경]이 보이지 않을 때, y좌표를 이동시켜 다시 보이게 합니다.

5단계 ▶ 우주선을 왼쪽, 오른쪽으로 조종합니다.

 **작품 만들기**   ◆ 완성 파일 : 배경을 움직여 우주 여행하기.ent

함께 만드는
강의QR 코드

링크 주소 :
https://youtu.be/CYUXqtRKT04

오브젝트 추가하기

1 [오브젝트 추가하기] 버튼을 클릭하여 [우주(2)], [우주선 탄 엔트리봇] 오브젝트를 추가합니다.

오브젝트 복제하기

2 [오브젝트 목록]에서 [우주(2)] 오브젝트에 마우스 커서를 놓고 오른쪽 마우스 버튼을 클릭합니다. [복제하기]를 누르면 화면이 복제됩니다.

※ 동일한 코드를 사용할 때 코딩이 끝난 후 복제하면 코드도 같이 복제됩니다.

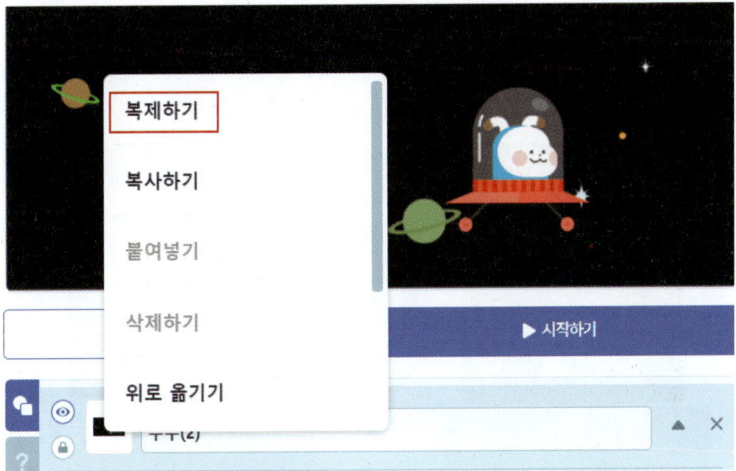

❸ 오브젝트 목록에서 복제된 [우주(2)1]을 확인합니다. 오브젝트 목록에서 우선순위를 [우주선 탄 엔트리봇]이 가장 위에 오도록 이동시킵니다.

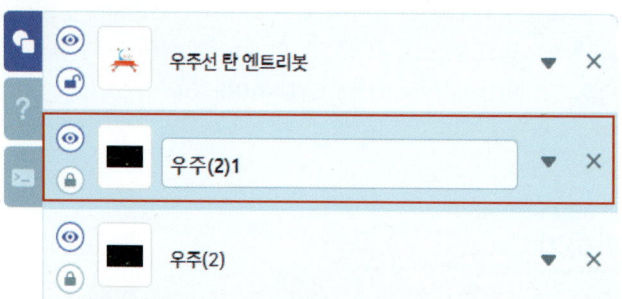

더 알고 가요! 실행화면 좌표

실행화면 위에 ⊞ 모눈종이를 클릭히면 좌표가 표시되도록 합니다.
실행화면은 x축(가로축)방향으로 -240 ~ 240으로 가로축 너비는 480,
y축(세로축) 방향으로 -135 ~ 135로 세로축 너비는 270으로 이루어져있습니다.

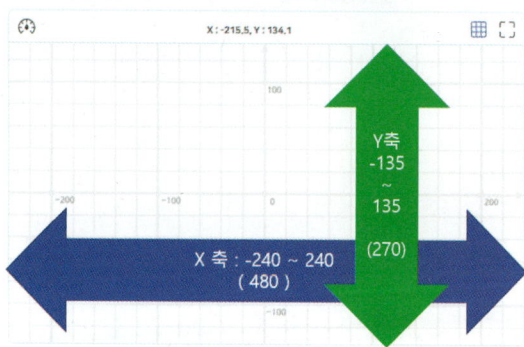

아래로 움직이는 배경을 만들기 위해서는 [배경], [배경복제] 2개를 y좌표를 동시에 이동시키면 움직이는 것처럼 보입니다.
y좌표값이 -270이하가 될 때, y좌표를 270으로 이동시킵니다.

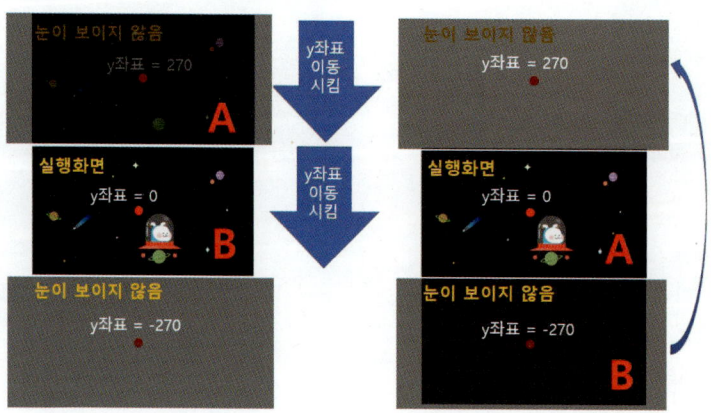

 코딩하기

4 [우주(2)] 오브젝트를 코딩합니다.

[시작하기 버튼]을 클릭 했을 때 배경을 아래쪽으로 이동시키기 위해[y좌표]를 -1만큼 바꿔줍니다. [자신의 y좌표값]이 -270이하가 되면 [y좌표]를 270 위치로 이동시킵니다.

우주(2)

5 [우주(2)1] 오브젝트를 코딩합니다.

[시작하기 버튼]을 클릭 했을 때 실행화면에는 보이지 않지만 [y좌표] 270 위치로 이동합니다. 배경을 아래쪽으로 이동시키기 위해[y좌표]를 -1만큼 바꿔줍니다. [자신의 y좌표값]이 -270이하가 되면 [y좌표] 270으로 위치 이동시킵니다.

우주(2)1

6 [우주선 탄 엔트리봇] 오브젝트를 코딩합니다.

[왼쪽 화살표 키를 눌렀을 때] 왼쪽으로 이동하며, 왼쪽으로 이동하는 모양으로 바꿔줍니다.

우주선 탄 엔트...

[오른쪽 화살표 키를 눌렀을 때] 오른쪽으로 이동하며, 오른쪽으로 이동하는 모양으로 바꿔줍니다.

전체 코드

우주(2)

- 시작하기 버튼을 클릭했을 때
- 계속 반복하기
  - y 좌표를 -1 만큼 바꾸기
  - 만일 자신의 y 좌푯값 ≤ -270 (이)라면
    - y: 270 위치로 이동하기

우주(2)1

- 시작하기 버튼을 클릭했을 때
- y: 270 위치로 이동하기
- 계속 반복하기
  - y 좌표를 -1 만큼 바꾸기
  - 만일 자신의 y 좌푯값 ≤ -270 (이)라면
    - y: 270 위치로 이동하기

우주선 탄 엔트...

- 시작하기 버튼을 클릭했을 때
- 계속 반복하기
  - 다음 모양으로 바꾸기
  - 0.5 초 기다리기

- 왼쪽 화살표 키를 눌렀을 때
- x 좌표를 -10 만큼 바꾸기
- 우주선에 탄 엔트리봇_2 모양으로 바꾸기

- 오른쪽 화살표 키를 눌렀을 때
- x 좌표를 10 만큼 바꾸기
- 우주선에 탄 엔트리봇_3 모양으로 바꾸기

작품 18 보물을 찾아 탐험을 떠나요

 키보드의 방향키를 이용하여 탐험가를 움직여 보물상자를 찾아 여는 작품을 만들어 봅시다.
- [묻고 대답 기다리기]를 이용하여 보물상자 비밀번호를 입력할 수 있습니다.
- [묻고 대답 기다리기]의 대답 결과값으로 보물상자 비밀번호와 비교할 수 있습니다.
- 키보드의 왼쪽, 오른쪽 화살표를 클릭하여 이동할 수 있습니다

핵심기능 입출력, 좌표, 변수   레벨 ★★★☆☆

 **작품 미리보기**   QR 코드 링크 주소 : https://youtu.be/_YaQBl2XjVg

 **작품 계획하기**

1단계 [시작하기 버튼]을 클릭했을 때 왼쪽, 오른쪽 화살표를 클릭하여 이동합니다.

2단계 [묻고 대답 기다리기]를 이용해 비밀번호를 입력받습니다.

3단계 비밀번호가 맞으면 보물상자의 문이 열립니다.

4단계 비밀번호가 틀리면 비밀번호 입력을 계속 받습니다.

작품 만들기
◆ 완성 파일 : 보물을 찾아 탐험을 떠나요.ent

함께 만드는 강의QR 코드

링크 주소 : https://youtu.be/uxb1J8cBpy8

오브젝트 추가하기

1 [오브젝트 추가하기] 버튼을 클릭하여 [숲속(1)], [어린 탐험가], [보물상자(2)] 오브젝트를 추가합니다.

2 실행화면에 오브젝트를 원하는 위치에 놓고, 장면을 구성합니다.

132 한 권으로 끝내는 엔트리와 40개의 작품들

변수 추가하기

3 [속성] → [변수] → [변수 추가하기] → [비밀번호] 변수를 추가합니다.

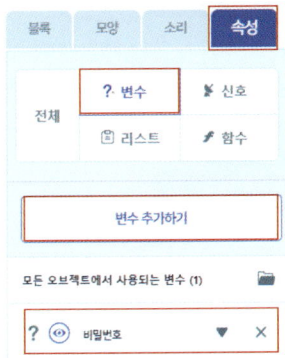

소리 추가하기

4 [보물상자(2)] 오브젝트를 클릭 한 후 [소리]탭을 선택하여 [문여는소리1], [위험경고] 소리를 추가합니다.

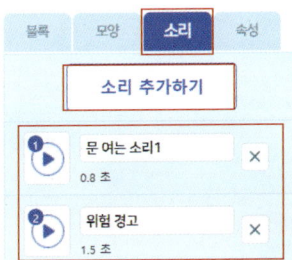

코딩하기

5 [어린 탐험가] 오브젝트를 코딩합니다.

[시작하기 버튼]을 클릭했을 때 탐험하는 모습을 보여주며 보물을 찾습니다. "드디어 보물을 찾았군! 보물상자를 열겠다"고 말합니다.

[왼쪽 화살표]키를 눌렀을 때 왼쪽 방향으로 이동합니다.

어린 탐험가

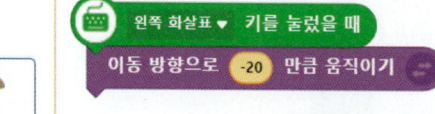

[오른쪽 화살표]키를 눌렀을 때 오른쪽 방향으로 이동합니다.

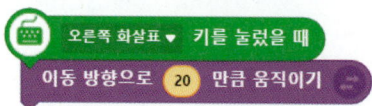

6 [보물상자(2)] 오브젝트를 코딩합니다.

[시작하기 버튼]을 클릭했을 때 [비밀번호] 변수에 비밀번호를 정합니다. [보물상자(2)]에 [어린 탐험가]가 닿았는지 계속 체크합니다. 닿았다면 비밀번호를 입력받습니다. 만약 비밀번호가 같으면 [문 여는 소리]가 나고 보물상자가 열린 모양으로 바뀝니다. 비밀번호가 틀리면 [위험 경고] 소리가 나며 다시 입력받습니다.

전체 코드

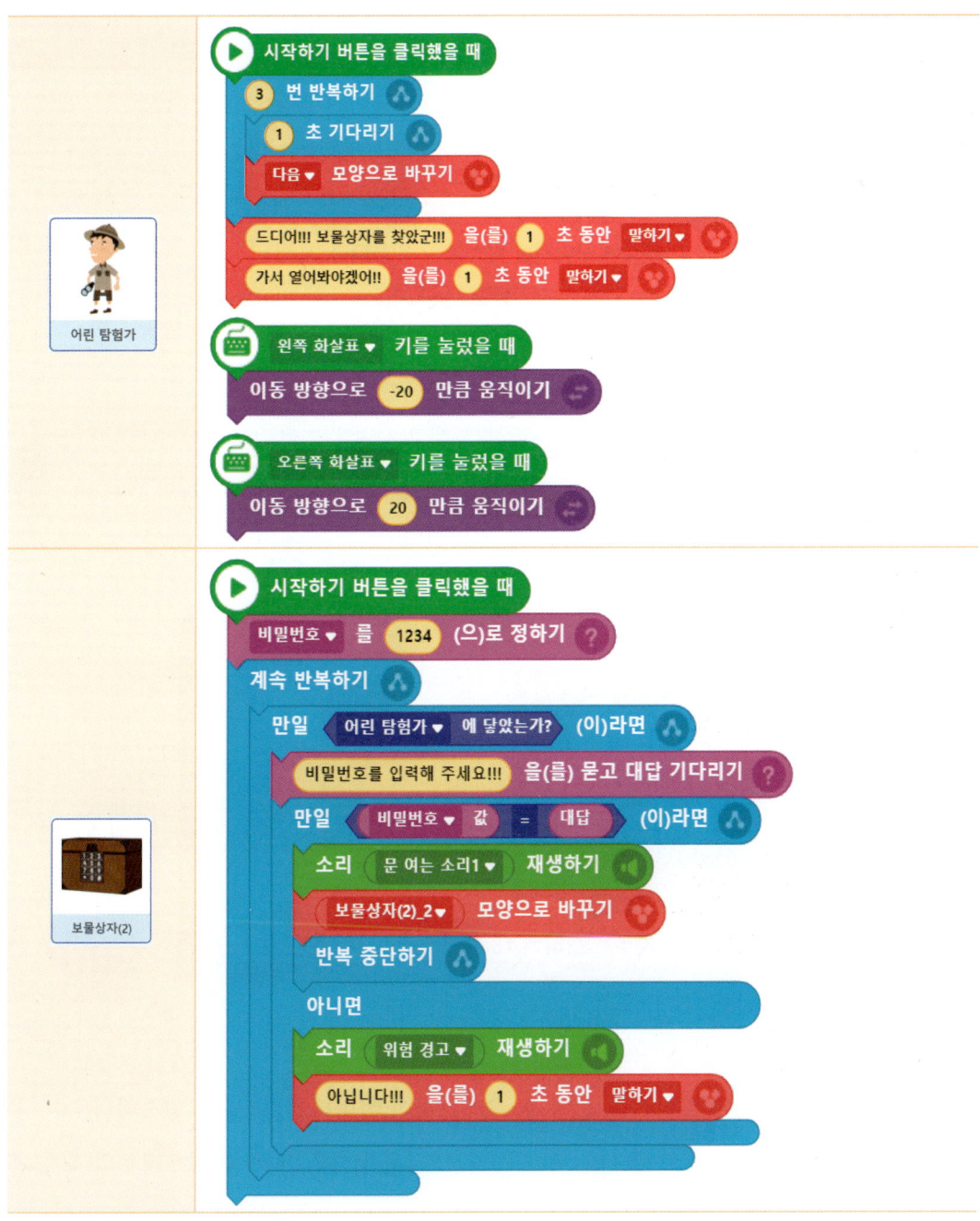

작품 19 엔트리 봇 아바타 꾸미기

학습 목표
엔트리 봇 아바타를 꾸미는 작품을 만들어 봅시다.
- [모양] 꾸러미의 모양을 추가하고, 선택하여 사용할 수 있습니다.
- [글상자] 오브젝트를 추가하여 사용할 수 있습니다.
- [복제본]을 이용하여 아바타를 꾸밀 수 있습니다.
- [신호보내기]를 이용하여 꾸미기를 취소할 수 있습니다.

핵심기능 신호, 복제   레벨 ★★★☆☆

작품 미리보기   QR 코드   링크 주소 : https://youtu.be/0-b1WQsitAI

작품 계획하기

1단계 원하는 모자 또는 스티커를 선택 후 드래그하여 아바타를 꾸밀 수 있습니다.

2단계 [[묶음]엔트리봇] 오브젝트의 모양을 키보드 숫자[1]을 누르면 엔트리봇의 모양이 바뀝니다.

3단계 [모자] 오브젝트의 모양을 추가한 후, 키보드 숫자[2]를 누르면 모자의 모양이 바뀝니다.

4단계 [초롱 초롱 눈 스티커] 오브젝트의 모양을 추가 한 후, 키보드 숫자[3]을 누르면 스티커의 모양이 바뀝니다.

5단계 [모두취소] 버튼을 클릭하면 아바타 꾸미기를 취소합니다.

 **작품 만들기** ◆ 완성 파일 : 엔트리 봇 아바타 꾸미기.ent

| 함께 만드는 강의QR 코드 | | 링크 주소 :
https://youtu.be/GXKcV5S4lUY |

오브젝트 추가하기

1 [오브젝트 추가하기] 버튼을 클릭하여 [무대], [[묶음]네모스티커], [모자(1)], [초롱초롱 눈 스트커], [모두취소] 오브젝트를 추가합니다.

[오브젝트 추가하기] 버튼을 클릭하여 [글상자] 1개를 추가합니다.

오브젝트 수정하기

2 아바타를 꾸미기 위한 모자 모양을 추가하기 위해 [모자(1)] 오브젝트의 모양을 추가합니다. [모양] ➡ [모양 추가하기]를 클릭합니다.

검색창에 "모자"를 검색합니다. 원하는 모자 모양을 선택하여 오브젝트 리스트에 추가한 후 [추가하기] 버튼을 클릭합니다.

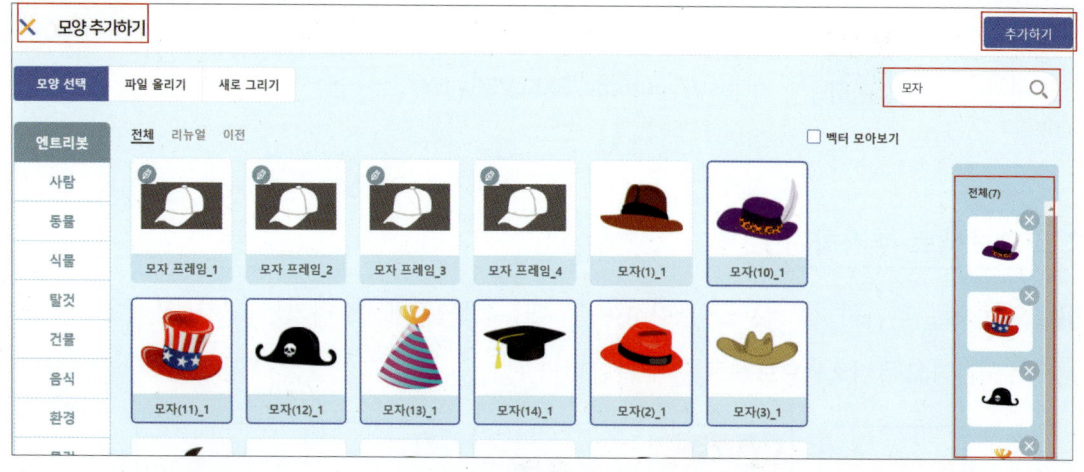

[모자(1)] 오브젝트의 모양이 추가된 것을 확인합니다.

❸ 아바타를 꾸미기 위한 스티커 모양을 추가하기 위해 [초롱초롱 눈 스트커] 오브젝트의 모양을 추가합니다. [모양] ➡ [모양 추가하기]를 클릭합니다.

검색창에 "스티커"를 검색합니다. 원하는 스티커 모양을 선택하여 오브젝트 리스트에 추가한 후 [추가하기] 버튼을 클릭합니다.

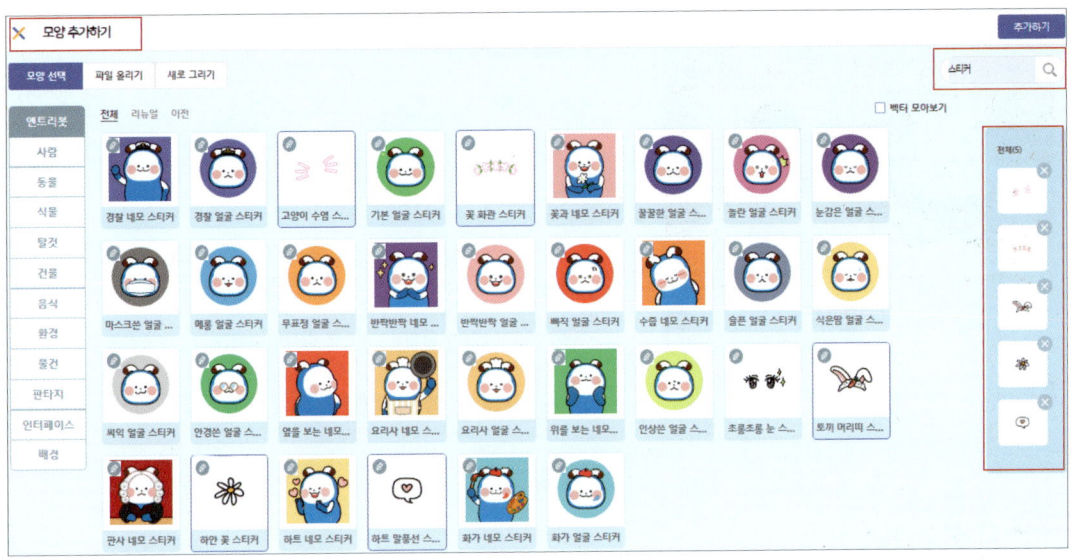

[초롱초롱 눈 스트커] 오브젝트의 모양이 추가된 것을 확인합니다.

4 실행화면에 오브젝트를 원하는 위치에 놓고, 글상자의 내용을 입력하여 장면을 구성합니다.

[글상자]의 이름을 [사용법]으로 변경하고, 텍스트 내용은 [아바타=1, 모자=2, 스티커=3 번을 눌러 모양을 고르세요!] 입력합니다.

신호 추가하기

▶ 신호 추가하기

5 [속성] ➡ [신호] ➡ [신호 추가하기] ➡ [모두취소] 신호를 추가합니다.

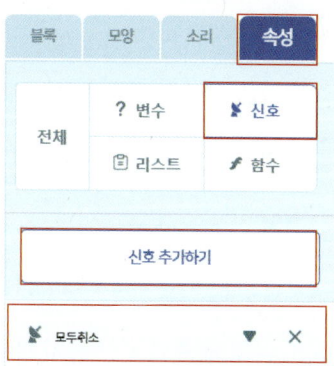

코딩하기

6 [[묶음]네모 스티커] 오브젝트를 코딩합니다.

[q키를 눌렀을 때]블록의 [q]를 눌러 [1]로 선택합니다. 키보드의 숫자[1]을 눌렀을 때 아바타의 모양을 바꿔줍니다. 내가 원하는 아바타 모양을 선택합니다.

7 [모자(1)] 오브젝트를 코딩합니다.

[q키를 눌렀을 때]블록의 [q]를 눌러 [2]로 선택합니다. 키보드의 숫자[2]을 눌렀을 때 모자의 모양을 바꿔줍니다. 내가 원하는 모자 모양을 선택합니다.

오브젝트를 클릭했을 때 [자신의 복제본 만들기]를 합니다.

[복제본이 처음 생성되었을 때] 마우스를 클릭한 상태로 아바타의 모자를 꾸밀 위치로 이동합니다.

[모두취소] 신호를 받으면 복제본을 삭제합니다.

8 [초롱초롱 눈 스티커] 오브젝트를 코딩합니다.

[q키를 눌렀을 때]블록의 [q]를 눌러 [3]으로 선택합니다. 키보드의 숫자[3]을 눌렀을 때 스티커의 모양을 바꿔줍니다. 내가 원하는 스티커 모양을 선택합니다.

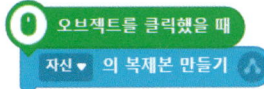

오브젝트를 클릭했을 때 [자신의 복제본 만들기]를 합니다.

[복제본이 처음 생성되었을 때] 마우스를 클릭한 상태로 스티커를 꾸밀 위치로 이동합니다.

[모두취소] 신호를 받으면 복제본을 삭제합니다.

9 [모두취소] 오브젝트를 코딩합니다.

[모두취소 버튼]을 클릭했을 때 [모두취소] 신호 보내기를 합니다.

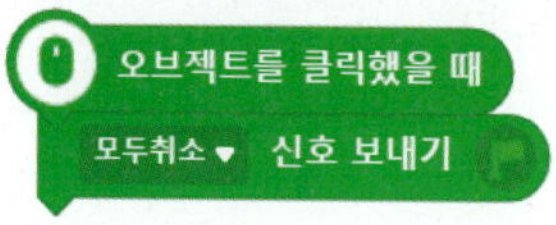

전체 코드

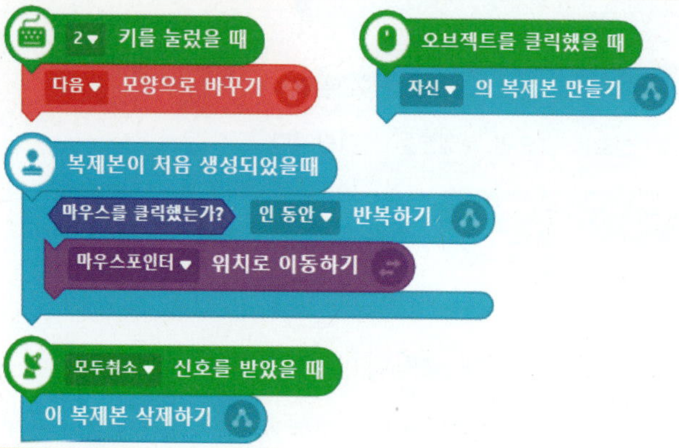

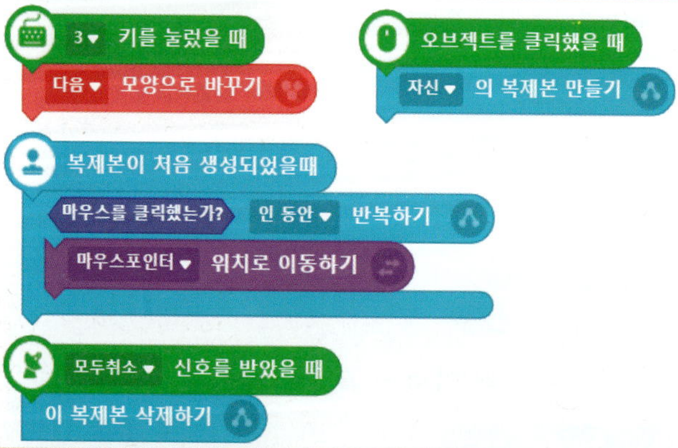

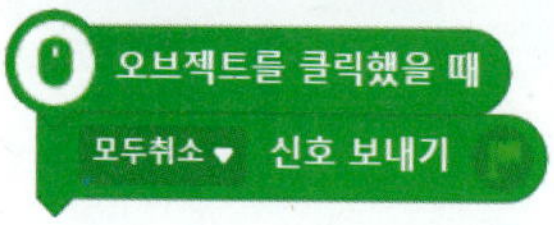

작품 20 이상형 얼굴 찾기

학습 목표

빠르게 변하는 다양한 얼굴을 만들고, 얼굴중에 마음에 드는 얼굴을 선택할 수 있는 작품을 만들어 봅시다.
- 변수를 이용하여 프로그램 흐름을 제어할 수 있습니다.
- 반복적인 동작은 함수를 사용하여 코드를 간결하게 작성할 수 있습니다.

핵심기능 ▶ 변수, 함수   레벨 ★★★☆☆

작품 미리보기   QR 코드   링크 주소 : https://youtu.be/GHGw6Job1Js

작품 계획하기

1단계 ▶ 얼굴을 구성하는 눈, 코, 입, 얼굴모양, 머리(남) 오브젝트의 모양 개수를 확인합니다.

2단계 ▶ 얼굴 구성 요소들을 0.5초 간격으로 무작위하게 모양을 바꿔주며 다양한 얼굴을 만들어줍니다.

3단계 ▶ 둥근버튼(정지)를 누르면 얼굴이 변하지 않고 이상형 얼굴을 결정하게 됩니다.

4단계 ▶ 둥근버튼(앞/뒤)를 누르면 얼굴이 다시 변하기 시작해서 이상형 얼굴을 다시 찾을 수 있습니다.

Part 02_코딩 날개 달기

작품 만들기 ◆ 완성 파일 : 이상형 얼굴 찾기.ent

함께 만드는 강의QR 코드

링크 주소 : https://youtu.be/iwwUK8KuhEk

오브젝트 추가하기

1 [오브젝트 추가하기] 버튼을 클릭하여 [얼굴모양], [눈], [코], [입], [머리(남)], [둥근버튼(앞/뒤)], [둥근버튼(정지)] 오브젝트를 추가합니다.

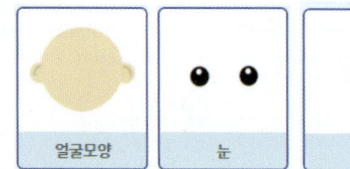 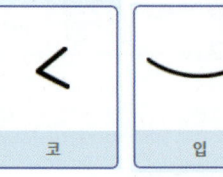   

오브젝트 수정하기

2 오브젝트의 크기를 화면에 맞춰 변경합니다.

위치는 그대로 두고, 오브젝트의 크기만 다음과 같이 변경합니다.

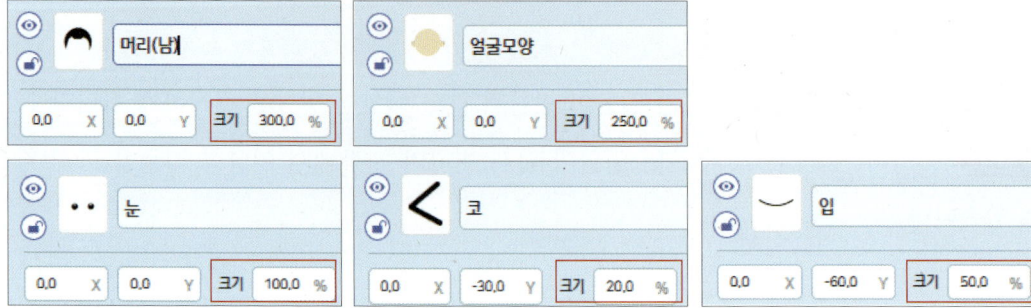

변수 추가하기

❸ [속성] ➡ [변수] ➡ [변수 추가하기] ➡ [결정] 변수를 추가합니다.

[결정] 변수는 참, 거짓 값을 가집니다. [결정]값이 참인 경우 오브젝트의 모양을 변경하지 않습니다.

함수 추가하기

❹ 눈,코,입,얼굴모양,머리 오브젝트의 모양을 0.5초 간격으로 변경해주며,[결정] 변수값이 '거짓'인 경우만 동작하는 함수를 만듭니다.

오브젝트별로 모양의 개수가 다르므로, 공통으로 사용할 수 있도록 개수를 입력값으로 설정하겠습니다.

블록꾸러미 에서 함수 만들기 클릭합니다.

함수 이름을 다음과 같이 조립합니다.

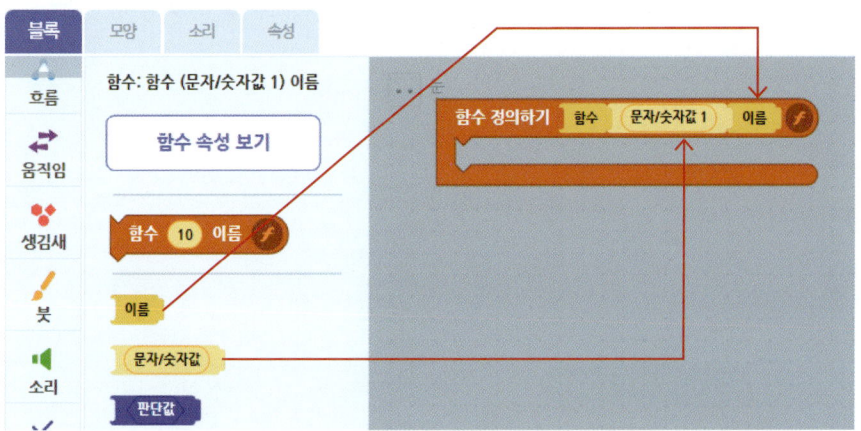

함수의 이름을 정의합니다.

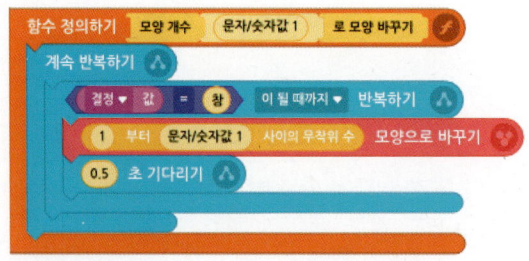

[결정] 변수값이 거짓인 경우엔 반복해서 모양을 0.5초 간격으로 무작위하게 바꿔줍니다.

함수의 입력값인 문자/숫자값 1 은 오브젝트별 모양개수가 입력됩니다.

1부터 문자/숫자값 1 만큼 랜덤하게 모양을 바꿔줍니다.

[저장] 버튼을 클릭한 후, 작성된 함수 블록을 확인합니다.

코딩하기

5 [얼굴모양] 오브젝트를 코딩합니다.

[시작하기 버튼을 클릭했을 때] 모양 개수 8을 입력해서 함수를 호출합니다. [얼굴모양] 오브젝트의 모양 개수가 8개인 것을 확인했습니다.

146 한 권으로 끝내는 엔트리와 40개의 작품들

6 [눈] 오브젝트를 코딩합니다.

[시작하기 버튼을 클릭했을 때] 모양 개수 10을 입력해서 함수를 호출합니다.

7 [코] 오브젝트를 코딩합니다.

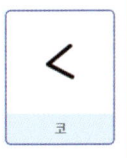

[시작하기 버튼을 클릭했을 때] 모양 개수 10을 입력해서 함수를 호출합니다.

8 [입] 오브젝트를 코딩합니다.

[시작하기 버튼을 클릭했을 때] 모양 개수 20을 입력해서 함수를 호출합니다.

9 [머리(남)]] 오브젝트를 코딩합니다.

[시작하기 버튼을 클릭했을 때] 모양 개수 10을 입력해서 함수를 호출합니다.

10 [둥근버튼(앞/뒤)] 오브젝트를 코딩합니다.

[오브젝트를 클릭했을 때] 변수값 [결정]을 '참'으로 설정하여 함수에서 모양이 변하지 않도록 만듭니다.

11 [둥근버튼(정지)] 오브젝트를 코딩합니다.

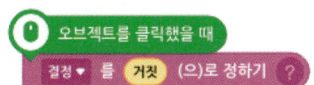

[오브젝트를 클릭했을 때] 변수값 [결정]을 '거짓'으로 설정하여 함수에서 모양이 변할수 있도록 만듭니다.

전체 코드

작품 21 우리나라 지역별 온도정보 표시하기

 **학습 목표**

우리나라 지역 위치를 확인하고 지역별 최고기온 정보를 표시해 주는 작품을 만들어 봅시다.
- 확장 블록의 날씨 정보를 활용할 수 있습니다.
- 신호를 보내고 받을 수 있습니다.

핵심기능 확장 날씨, 신호　　　　　　　레벨 ★★☆☆☆

 **작품 미리보기**　　　　QR 코드 　링크 주소 : https://youtu.be/UArT8kXyEYA

작품 계획하기

1단계 우리나라 지역별 날씨 정보를 가져오기 위해 [확장] ➡ [날씨] 정보를 불러옵니다.

1단계 [지도-대한민국] 오브젝트는 대한민국의 지도 모양 정보와 이름 정보를 가지고 있도록 합니다. 랜덤하게 지역별 모양정보를 변경하며 신호를 보냅니다.

3단계 [엔트리봇]은 신호를 받아 지역별 온도 정보를 말해줍니다.

 ## 작품 만들기

◈ 완성 파일 : 우리나라 지역별 온도정보 표시하기.ent

함께 만드는
강의QR 코드

링크 주소 :
https://youtu.be/MscUW7ez0b4

오브젝트 추가하기

1 [오브젝트 추가하기] 버튼을 클릭하여 [지도-대한민국(1)], [지도-대한민국(2)] 오브젝트를 추가합니다. [엔트리봇]은 삭제하지 않습니다.

오브젝트 수정하기

2 [지도-대한민국(1)]의 이름을 [지도-배경]으로 변경해 줍니다.

[지도-대한민국(2)]의 이름을 [지도-대한민국]으로 변경해 줍니다.

[지도-배경], [지도-대한민국]의 크기를 200% 변경하고 동일하게 맞춰줍니다.

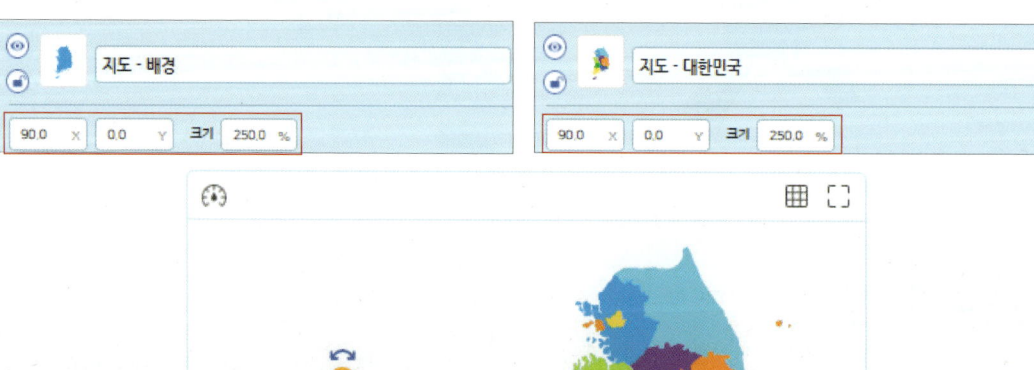

[지도-대한민국] 오브젝트에 지역별 모양을 추가하기 위해 [모양] ➜ [모양 추가하기] 버튼을 클릭합니다.

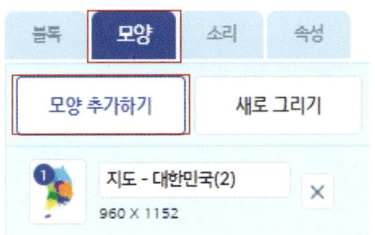

검색창에 [지도]를 검색합니다. [지도-강원도], [지도-경상남도], [지도-경상북도], [지도-전라남도], [지도-전라북도], [지도-제주특별시], [지도-충청남도], [지도-충청북도] 모양을 추가합니다.

추가된 모양의 이름 [지도-강원도]를 [강원]으로 변경합니다. 모양 이름을 모두 변경합니다.

[지도-경상남도] ➜ [경남]

[지도-경상북도] ➜ [경북]

[지도-전라남도] ➜ [전남]

[지도-전라북도] ➜ [전북]

[지도-제주특별시] ➜ [제주]

[지도-충청남도] ➜ [충남]

[지도-충청북도] ➜ [충북]

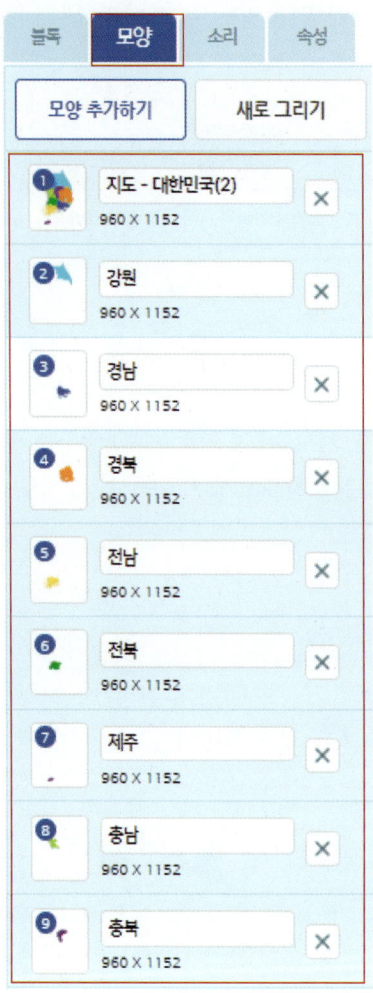

🐶 변수 추가하기

3 [속성] ➜ [변수] ➜ [변수 추가하기] ➜ [선택지역] 변수를 추가합니다.

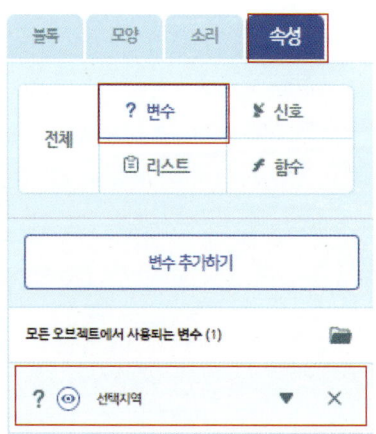

🐶 신호 추가하기

4 [속성] ➡ [신호] ➡ [신호 추가하기] ➡ [온도가져오기] 신호를 추가합니다.

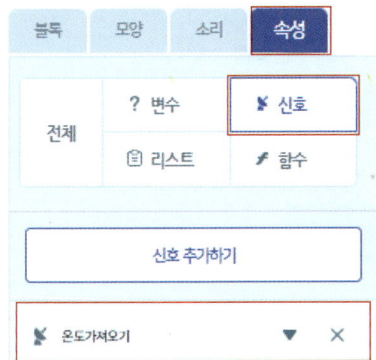

🐶 확장 블록 추가하기

5 블록 꾸러미를 클릭하여 [확장 블록 불러오기] 버튼을 클릭합니다. 날씨를 선택한 후 [불러오기] 버튼을 클릭합니다.

추가된 날씨 블록을 확인합니다.

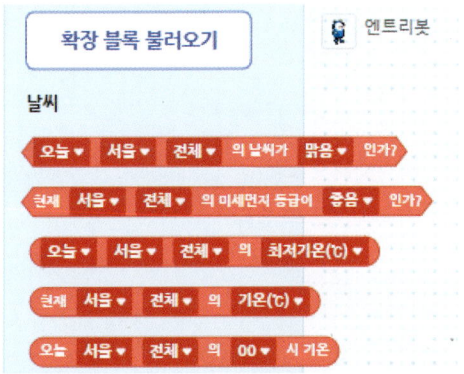

 코딩하기

6 [지도-대한민국] 오브젝트를 코딩합니다.

[시작하기 버튼을 클릭했을때] 모양을 5초 간격으로 변경해 줍니다. 변경된 지역의 온도 정보를 가져오기 위해 [온도가져오기]신호를 보냅니다.

7 [(1)엔트리봇] 오브젝트를 코딩합니다.

[온도가져오기] 신호를 받았을 때 [선택지역] 변수에 지도의 모양 이름을 저장합니다.
모양 이름이 "강원"인 경우 확장 블록의 [오늘▼ 강원▼ 전체▼ 의 최고기온(℃)▼] 이용하여 선택지역의 최고 기온 정보를 4초 동안 말해줍니다.

각 지역별 조건식을 추가해 줍니다.

더 알고 가요! 오브젝트의 속성값

오브젝트는 여러 가지 속성 정보값을 갖고 있습니다. 그 값을 참조하기 위해서 계산 블록꾸러미의 [세계지도 - 전체 ▼ 의 x 좌푯값 ▼] 을 활용할 수 있습니다.

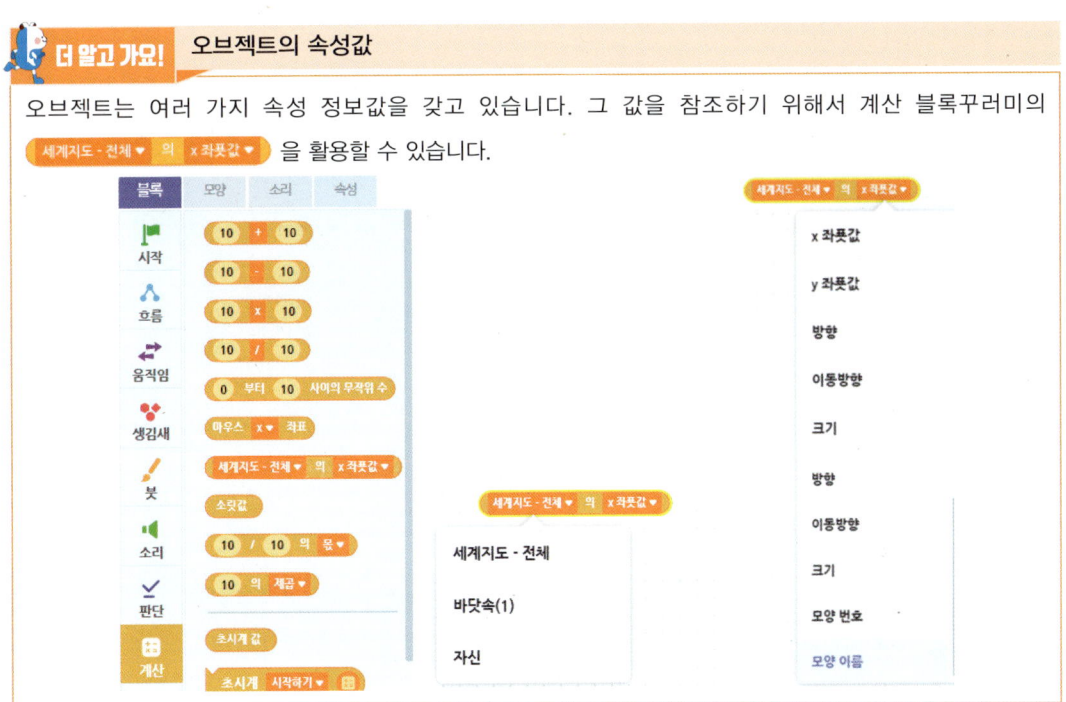

전체 코드

PART 03
더 나은 세상을 위한 코딩

- 작품 22 …… 물주며 나무 키우기
- 작품 23 …… 자연보호! 꽃을 밟으면 안돼요!
- 작품 24 …… 지구를 지켜라! 빙하가 녹고 있어요
- 작품 25 …… 다시 돌아온 물고기(물 속 쓰레기 줍기)
- 작품 26 …… 페트병을 주우면 나무를 심어줘요

작품 22 물 주며 나무 키우기

학습 목표 [나무 키우기] 모양 묶음을 이용하여 우리의 관심과 사랑으로 나무를 키우는 작품을 만들어 봅시다.
- [신호]를 보내고 받을 수 있습니다.
- [모양 바꾸기]로 나무의 성장 과정을 표현할 수 있습니다.

핵심기능 신호, 선택   레벨 ★★☆☆☆

 작품 미리보기   QR 코드   링크 주소 : https://youtu.be/TA6dso4UFJc

작품 계획하기

1단계 왼쪽/오른쪽 화살표를 누를 때 [물 뿌리개] 모양을 바꿔줍니다.

2단계 물을 줄 때 나무가 잘 자라길 바라는 따뜻한 말을 해 줍니다.

3단계 나무가 성장하는 6단계를 보여주고 그 이후는 나무의 크기를 키워줍니다.

4단계 나무가 감사함을 표현합니다.

158 한 권으로 끝내는 엔트리와 40개의 작품들

 ## 작품 만들기

◆ 완성 파일 : 물주며 나무 키우기.ent

함께 만드는 강의QR 코드

링크 주소 :
https://youtu.be/grE-Hj_Cq50

🐶 오브젝트 추가하기

1 [오브젝트 추가하기] 버튼을 클릭하여 [이집트 풍경], [[묶음]나무 키우기], [물뿌리개] 오브젝트를 추가합니다.

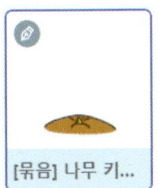

2 실행화면에 오브젝트를 원하는 위치에 놓고, 장면을 구성합니다.

🐶 신호 추가하기

3 [속성] ➡ [신호] ➡ [신호 추가하기] ➡ [물공급] 신호를 추가합니다.

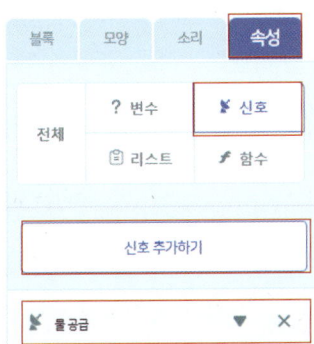

 **코딩하기**

4 [물뿌리개] 오브젝트를 코딩합니다.

[시작하기 버튼]을 클릭했을 때 [물뿌리개_2] 모양으로 바꿔주고, 물 주는 방법을 설명합니다.

> 시작하기 버튼을 클릭했을 때
> 물뿌리개_2 모양으로 바꾸기
> 왼쪽, 오른쪽 화살표를 눌러 물뿌리개로 물을 주세요 을(를) 2 초 동안 말하기

[오른쪽 화살표] 키를 누르면 물 뿌리는 모양으로 바꾸고 나무에게 [물 공급] 신호를 보냅니다. 나무에게 잘 자라라는 따뜻한 말을 해 줍니다.

[물뿌리개]

> 오른쪽 화살표 키를 눌렀을 때
> 물뿌리개_1 모양으로 바꾸기
> 물 공급 신호 보내기
> 나무야 쑥쑥 잘 커야해~! 을(를) 1 초 동안 말하기

[왼쪽 화살표] 키를 누르면 물을 주지 않는 모양으로 바꿔줍니다

> 왼쪽 화살표 키를 눌렀을 때
> 물뿌리개_2 모양으로 바꾸기

5 [[묶음] 나무 키우기] 오브젝트를 코딩합니다.

[물 공급]을 신호를 받았을 때, 나무가 커가는 과정 6단계를 보여준 후 그 이후는 나무의 크기를 키워줍니다. 잘 자란 나무가 고마움을 말합니다.

[묶음] 나무 키...

> 물 공급 신호를 받았을 때
> 만일 자신의 모양 번호 = 6 (이)라면
>   크기를 20 만큼 바꾸기
>   사랑과 관심 고마워요~! 을(를) 1 초 동안 말하기
> 아니면
>   다음 모양으로 바꾸기

더 알고 가요! 오브젝트 정보를 알 수 있어요

[계산]카테고리 블록 중 선택한 오브젝트의 각종 정보 값을 제공하는 블록이 있습니다.

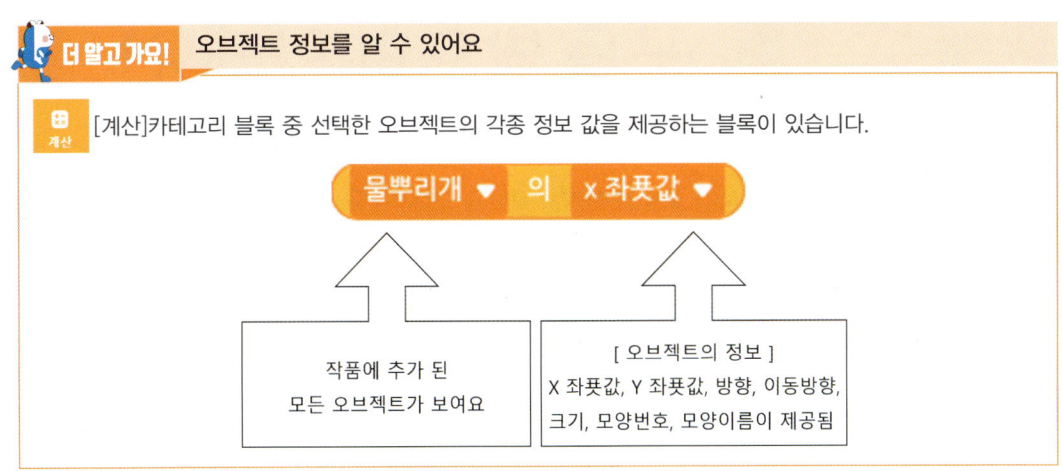

전체 코드

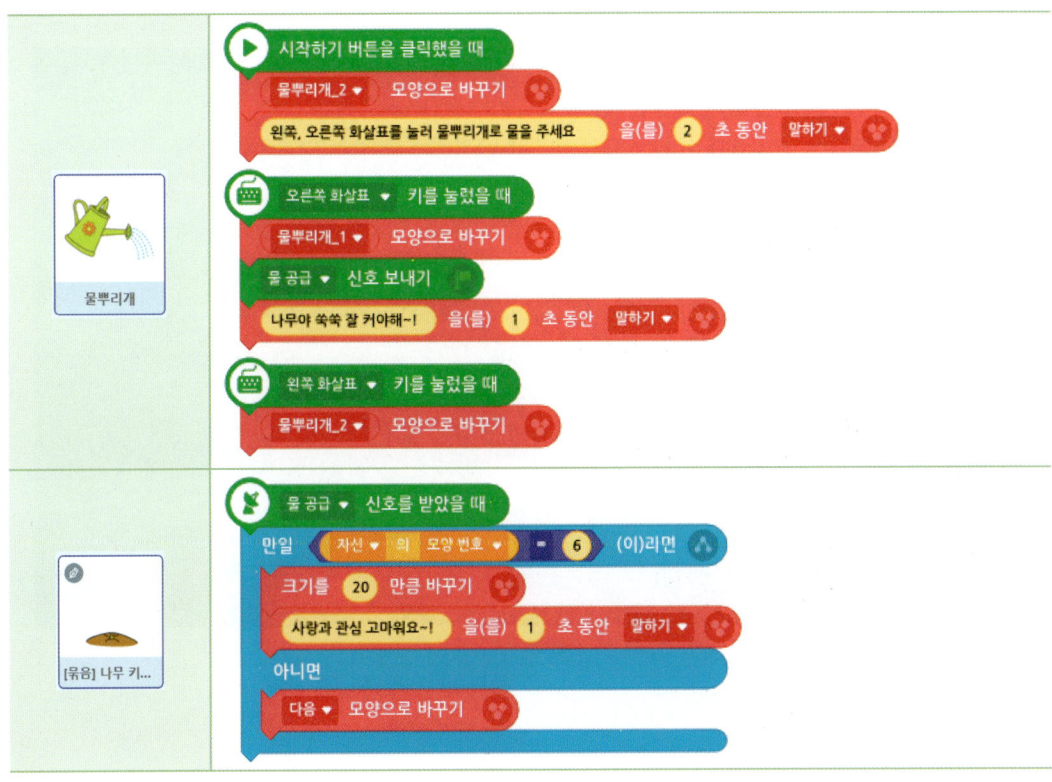

작품 23 자연 보호!
꽃을 밟으면 안돼요!

학습 목표
움직이는 배경 속에서 꽃을 밟지 않기 위해 점프하여 꽃을 피하는 작품을 만들어 봅시다.
- [배경] 화면의 x좌표를 움직여 배경이 움직이는 효과를 줄 수 있습니다.
- [스페이스]를 누르면 점프할 수 있습니다.

핵심기능 복제, 좌표   레벨 ★★★★☆

 **작품 미리보기**   QR 코드   링크 주소 :
https://youtu.be/HjAkl-pBrMo

 작품 계획하기

1단계 움직이는 배경을 만듭니다.

2단계 꽃을 2초에 한 번씩 복제하여 나타냅니다.

3단계 스페이스를 누르면 점프합니다.

4단계 꽃에 닿으면 "앗! 미안"이라고 말합니다..

 **작품 만들기**　　◆ 완성 파일 : 자연보호! 꽃을 밟으면 안돼요!.ent

함께 만드는 강의QR 코드

링크 주소 :
https://youtu.be/7Y5lQ1IQONM

🐾 오브젝트 추가하기

1 [오브젝트 추가하기] 버튼을 클릭하여 [숲속(2)], [[묶음] 걷기 옆모습], [데이지] 오브젝트를 추가합니다.

2 실행화면에 오브젝트를 원하는 위치에 놓고, 장면을 구성합니다.

🐾 오브젝트 복제하기

3 오브젝트 목록에서 [숲속(2)] 오브젝트에 마우스 커서를 놓고 오른쪽 마우스 버튼을 클릭합니다. [복제하기]를 누르면 화면이 복제됩니다. 오브젝트 목록에서 복제된 [숲속(2)1]을 확인합니다.

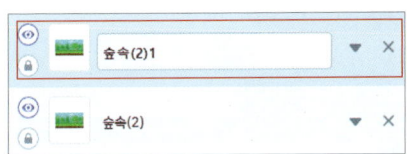

※ 동일한 코드를 사용할 때 코딩이 끝난 후 복제하면 코드도 같이 복제됩니다.

🐼 소리 추가하기

4️⃣ [[묶음] 걷기 옆모습] 오브젝트를 클릭 한 후 [소리]탭을 선택하여 [호루라기], [기합] 소리를 추가합니다.

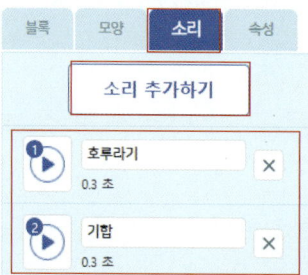

🐼 코딩하기

5️⃣ [숲속(2)] 오브젝트를 코딩합니다.

[시작하기 버튼]을 클릭했을 때 배경을 왼쪽으로 이동시키기 위해[x좌표]를 -3만큼 바꿔줍니다. x좌표값이 -480이하가 되면 [x좌표]를 480으로 이동시킵니다.

6️⃣ [숲속(2)1] 오브젝트를 코딩합니다.

[시작하기 버튼]을 클릭 했을 때 실행화면에는 보이지 않지만 [x좌표] 480 위치로 이동합니다. 배경을 왼쪽으로 이동시키기 위해[x좌표]를 -3만큼 바꿔줍니다. x좌표값이 -480이하가 되면 [x좌표] 480으로 이동시킵니다.

7 [[묶음] 걷기 옆모습] 오브젝트를 코딩합니다.

[시작하기 버튼]을 클릭했을 때 우선 순위를 [맨 앞으로], [크기]를 정해주고 실행 방법을 설명해 줍니다. [[묶음] 걷기 옆모습] 오브젝트에 제공되는 걷는 모양이 여섯 동작이므로 반복하여 모양 바꾸기를 합니다.

[스페이스]를 누르면 [기합]소리를 내며 점프합니다.
[데이지]에 닿으면 [호루라기] 소리로 경고하고 "앗! 미안"이라고 말합니다.

8 [데이지] 오브젝트를 코딩합니다.

[시작하기 버튼]을 클릭했을 때 [데이지] 오브젝트를 [맨앞으로] 보내고 크기와 위치를 정해줍니다. 2초마다 반복하여 [자신의 복제본]을 만듭니다.

[복제본이 처음 생성되었을 때] 계속 반복하여 [[묶음] 걷기 옆모습]또는 [왼쪽 벽]에 닿는지 체크합니다. 닿았다면 복제본을 삭제하고 닿지 않았다면 x좌표를 -3만큼 바꿔줍니다.

데이지

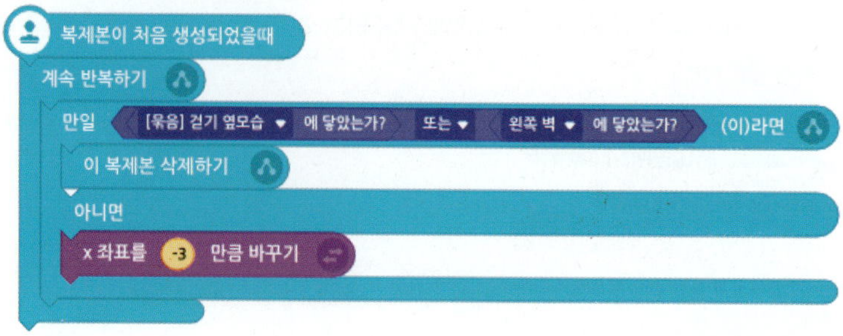

```
복제본이 처음 생성되었을때
계속 반복하기
  만일  [묶음] 걷기 옆모습 ▼ 에 닿았는가?  또는  왼쪽 벽 ▼ 에 닿았는가?  (이)라면
    이 복제본 삭제하기
  아니면
    x 좌표를 -3 만큼 바꾸기
```

🐶 전체 코드

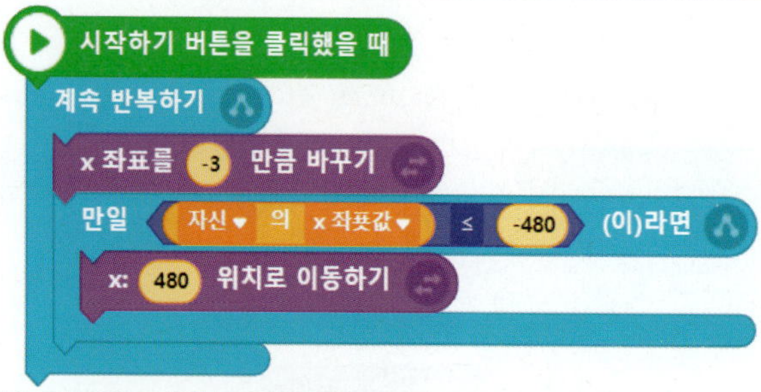

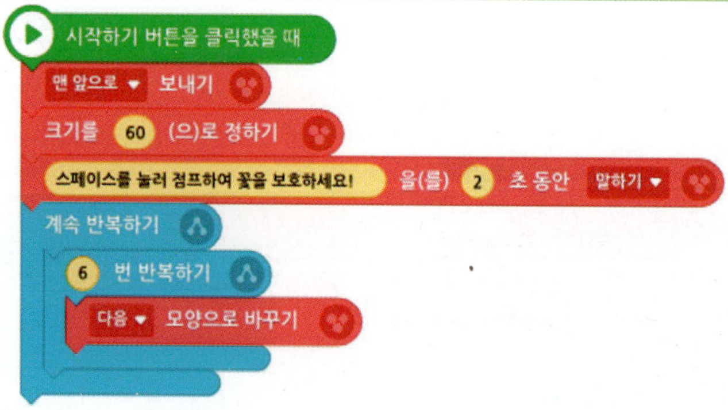

숲속(2)
```
시작하기 버튼을 클릭했을 때
계속 반복하기
  x 좌표를 -3 만큼 바꾸기
  만일  자신 ▼ 의 x좌푯값 ▼  ≤ -480 (이)라면
    x: 480 위치로 이동하기
```

숲속(2) 1
```
시작하기 버튼을 클릭했을 때
x: 480 위치로 이동하기
계속 반복하기
  x 좌표를 -3 만큼 바꾸기
  만일  자신 ▼ 의 x좌푯값 ▼  ≤ -480 (이)라면
    x: 480 위치로 이동하기
```

[묶음] 걷기 옆...
```
시작하기 버튼을 클릭했을 때
맨 앞으로 ▼ 보내기
크기를 60 (으)로 정하기
스페이스를 눌러 점프하여 꽃을 보호하세요! 을(를) 2 초 동안 말하기 ▼
계속 반복하기
  6 번 반복하기
    다음 ▼ 모양으로 바꾸기
```

[묶음] 걷기 옆...

- 시작하기 버튼을 클릭했을 때
- 계속 반복하기
  - 만일 〈 스페이스▼ 키가 눌러져 있는가? 〉(이)라면
    - 소리 기합▼ 재생하기
    - 0.5 초 동안 x: 0 y: 100 만큼 움직이기
    - 0.5 초 동안 x: 0 y: -100 만큼 움직이기
  - 만일 〈 데이지▼ 에 닿았는가? 〉(이)라면
    - 소리 호루라기▼ 재생하기
    - 앗! 미안 을(를) 1 초 동안 말하기▼

데이지

- 시작하기 버튼을 클릭했을 때
- 맨 앞으로▼ 보내기
- 크기를 40 (으)로 정하기
- x: 270 y: -80 위치로 이동하기
- 계속 반복하기
  - 자신▼ 의 복제본 만들기
  - 2 초 기다리기

- 복제본이 처음 생성되었을때
- 계속 반복하기
  - 만일 〈 [묶음] 걷기 옆모습▼ 에 닿았는가? 또는 왼쪽 벽▼ 에 닿았는가? 〉(이)라면
    - 이 복제본 삭제하기
  - 아니면
    - x 좌표를 -3 만큼 바꾸기

작품 24

지구를 지켜라! 빙하가 녹고 있어요

 학습 목표

지구 온난화로 빙하가 녹고 있습니다. 생활 속 작은 실천으로 지구를 지키는 작품을 만들어 봅시다.

- [장면]을 추가할 수 있습니다.
- [오브젝트 크기 바꾸기]로 빙하가 녹는 표현할 수 있습니다.
- 신호를 보내고 받을 수 있습니다.
- 생활 속 작은 실천으로 지구를 지키는 방법을 알 수 있습니다.

핵심기능 장면, 신호 　　　　　　　　　레벨 ★★★☆☆

작품 미리보기

QR 코드　링크 주소 : https://youtu.be/hGSLFszuvpU

 작품 계획하기

1단계 ▶ 북극 빙하가 녹는 장면을 연출합니다.

2단계 ▶ 지구 환경을 지키기 위해 우리가 할 수 있는 일은 무엇이 있을까요? 질문합니다.

3단계 ▶ 우리의 생활을 되돌아봅니다.

4단계 ▶ [전기 절약] 우리의 작은 실천으로 지구를 지킬 수 있음을 말해줍니다.

 **작품 만들기** ◆ 완성 파일 : 지구를 지켜라! 빙하가 녹고 있어요.ent

함께 만드는 강의QR 코드

링크 주소 : https://youtu.be/6ddK0o08lhE

오브젝트 추가하기

1 장면 [+] 버튼을 클릭하여 [장면2]를 추가하고 [장면1]->[북극], 장면[2]->[집]으로 장면 이름 바꾸기를 합니다.

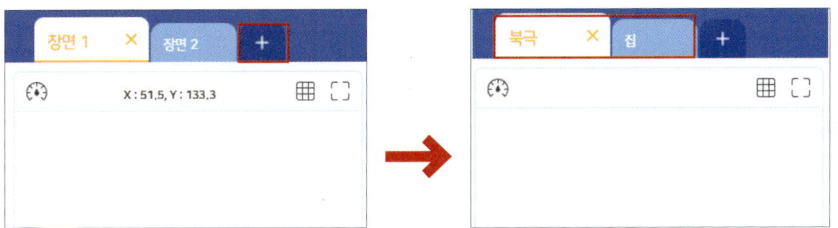

[북극]장면 오브젝트 추가하기

2 [오브젝트 추가하기] 버튼을 클릭하여 [남극 배경(2)], [북극곰(1)], [구름(4)], [물음표 버튼] 오브젝트를 추가하여 장면을 구성합니다.

  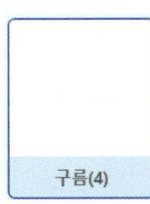 

남극 배경(2)　　북극곰(1)　　구름(4)　　물음표 버튼

3 실행화면에 오브젝트를 원하는 위치에 놓고, [북극]장면을 구성합니다.

🐼 [집]장면 오브젝트 추가하기

4 [오브젝트 추가하기] 버튼을 클릭하여 [방(2)], [전등(1)], [TV], [닫기 버튼] 오브젝트를 추가하여 장면을 구성합니다.

5 실행화면에 오브젝트를 원하는 위치에 놓고, [집]장면을 구성합니다.

🐼 신호 추가하기

6 [속성] ➡ [신호] ➡ [신호 추가하기] ➡ [전기절약] 신호를 추가합니다.

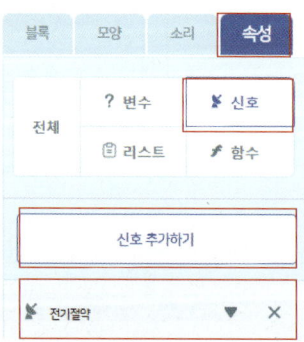

🐶 소리 추가하기

7 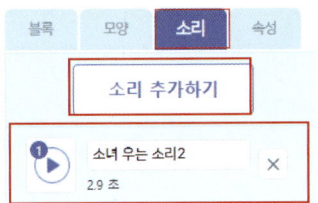 [구름(4)] 오브젝트를 클릭 한 후 [소리]탭을 선택하여 [소녀 우는 소리2] 소리를 추가합니다.

🐶 [북극]장면 코딩하기

8 [구름(4)] 오브젝트를 코딩합니다.

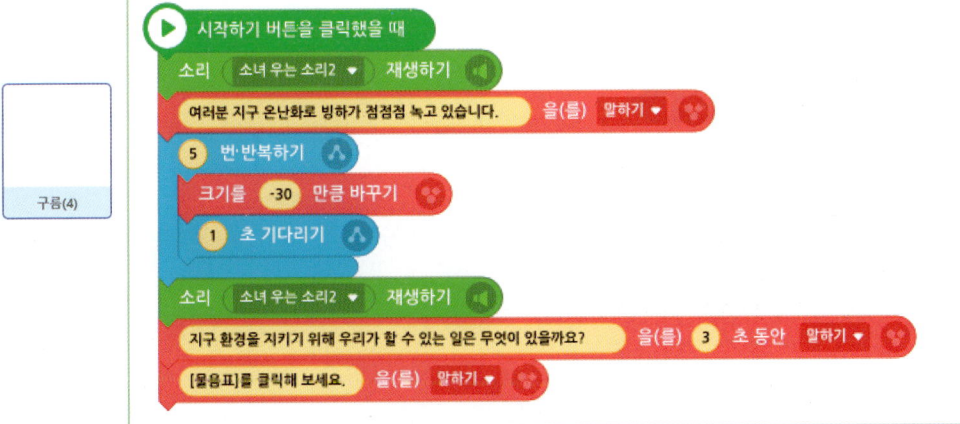

[시작하기 버튼]을 클릭 했을 때 [소녀 우는 소리2]와 함께 지구 온난화로 빙하가 녹고 있음을 알립니다. 빙하가 녹는 모습을 오브젝트의 크기를 줄여 표현합니다. "지구 환경을 지키기 위해 우리가 할 수 있는 일은 무엇이 있을까요?" 질문합니다.

9 [물음표 버튼] 오브젝트를 코딩합니다.

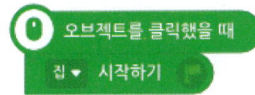

[오브젝트를 클릭했을 때] [집]장면을 시작합니다.

 **[집]장면 코딩하기**

10 [닫기 버튼] 오브젝트를 코딩합니다.

[장면]이 시작됐을 때 집에서 있을 수 있는 전기 낭비 사례를 말해 줍니다.

```
장면이 시작되었을 때
여러분 주위를 둘러보세요! 을(를) 3 초 동안 말하기
사람도 없는 공간에 전등, TV가 켜져 있진 않나요? 을(를) 3 초 동안 말하기
[x]버튼을 누르면 꺼집니다 을(를) 말하기
```

오브젝트를 클릭했을 때 [전등(1)],[TV] 오브젝트에 [전기절약] 신호를 보내주며 "[전기 절약] 우리의 작은 실천으로 지구를 지킬 수 있어요!!"를 말해 줍니다.

```
오브젝트를 클릭했을 때
전기절약 신호 보내기
[전기 절약] 우리의 작은 실천으로 지구를 지킬 수 있어요!! 을(를) 말하기
```

11 [전등(1)] 오브젝트를 코딩합니다.

[장면]이 시작되었을 때 [전등 켜짐] 모양으로 바꿔줍니다.

[전기절약] 신호를 받으면 [전등 꺼짐] 모양으로 바꿔주며 [전기절약]을 실천합니다.

```
전기절약 신호를 받았을 때
전등(1)_꺼짐 모양으로 바꾸기
```

12 [TV] 오브젝트를 코딩합니다.

[장면]이 시작되었을 때 [TV_밝음] 모양으로 바꿔줍니다.

```
장면이 시작되었을 때
TV_밝음 모양으로 바꾸기
```

[전기절약] 신호를 받으면 [TV_꺼짐] 모양으로 바꿔주며 [전기절약]을 실천합니다.

🐶 전체 코드

작품 25 다시 돌아온 물고기 (물 속 쓰레기 줍기)

 물 속 쓰레기를 줍고, 물고기가 다시 돌아오는 작품을 만들어 봅시다.
- [신호]를 보내고 받을 수 있습니다.
- [함수]를 사용 할 수 있습니다.

핵심기능 함수, 신호

레벨 ★★★★☆

 **작품 미리보기** QR 코드 링크 주소 : https://youtu.be/MfEdXPmJVsY

작품 계획하기

1단계 [시작하기 버튼]을 클릭했을 때 잠수부는 마우스 포인터를 따라다닙니다.

2단계 [쓰레기], [플라스틱병], [유리병]에 잠수부가 닿으면 사라집니다.

3단계 [스페이스 키를 눌렀을 때] [깨끗한 바다]신호를 물고기에 주면, 물고기가 다시 돌아와 바닷속을 움직입니다.

 **작품 만들기** ◈ 완성 파일 : 다시 돌아온 물고기 물속 쓰레기 줍기.ent

함께 만드는
강의QR 코드

링크 주소 :
https://youtu.be/hi5i19kDzGw

오브젝트 추가하기

1 [오브젝트 추가하기] 버튼을 클릭하여 [바닷속(4)], [잠수부(1)], [쓰레기], [빈 플라스틱병], [빈 유리병], [빨간 물고기], [주황 물고기], [물고기] 오브젝트를 추가합니다.

2 실행화면에 오브젝트를 원하는 위치에 놓고, 장면을 구성합니다.

신호 추가하기

3 [속성] ➔ [신호] ➔ [신호 추가하기] ➔ [깨끗한 바다] 신호를 추가합니다.

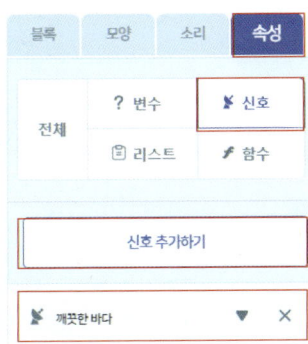

함수 추가하기

4 [속성] → [함수] → [함수 추가하기] → [쓰레기 줍기], [물고기가 돌아왔어요] 함수를 추가합니다.

[쓰레기 줍기] 함수를 추가합니다.
잠수부에 닿았다면 "쓰레기를 줍자" 말하고, 모양을 숨깁니다.

[물고기가 돌아왔어요] 함수를 추가합니다.
물고기 모양을 보이게 합니다.
넘어온 숫자값 만큼 이동방향으로 움직입니다.
※숫자값이 크면 물고기가 빠르게 움직입니다.

코딩하기

5 [잠수부(1)] 오브젝트를 코딩합니다.

[시작하기 버튼]을 클릭했을 때 "바닷속 청소가 끝나면 스페이스를 눌러줘"을 말합니다. 계속 반복하기로 잠수하는 여러 모양으로 바꿔줍니다.

[시작하기 버튼]을 클릭했을 때 마우스 움직이는 방향으로 움직이기 위해 [마우스포인터]쪽을 바라보며 움직입니다.

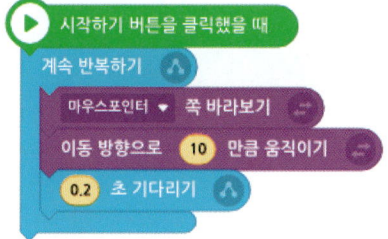

[스페이스 키]를 눌렀을 때 [깨끗한 바다] 신호를 보냅니다.
"깨끗한 바다! 물고기가 돌아왔어요!" 라고 말합니다.

6 [쓰레기] 오브젝트를 코딩합니다.

[시작하기 버튼]을 클릭했을 때 모양 보이기를 하고, [쓰레기 줍기] 함수를 호출합니다.

7 [빈 플라스틱병] 오브젝트를 코딩합니다.

[시작하기 버튼]을 클릭했을 때 모양 보이기를 하고, [쓰레기 줍기] 함수를 호출합니다.

8 [빈 유리병] 오브젝트를 코딩합니다.

[시작하기 버튼]을 클릭했을 때 모양 보이기를 하고, [쓰레기 줍기] 함수를 호출합니다.

9 [빨간 물고기] 오브젝트를 코딩합니다.

[시작하기 버튼]을 클릭했을 때 모양을 숨깁니다. [깨끗한 바다]신호를 받으면 [물고기가 돌아왔어요] 함수를 호출합니다.

10 [주황 물고기] 오브젝트를 코딩합니다.

[시작하기 버튼]을 클릭했을 때 모양을 숨깁니다. [깨끗한 바다]신호를 받으면 [물고기가 돌아왔어요] 함수를 호출합니다.

11 [빨간 물고기] 오브젝트를 코딩합니다.

[시작하기 버튼]을 클릭했을 때 모양을 숨깁니다. [깨끗한 바다]신호를 받으면 [물고기가 돌아왔어요] 함수를 호출합니다.

전체 코드

작품 26 페트병을 주우면 나무를 심어줘요

학습 목표 지구를 생각하는 마음으로 페트병을 주우면 나무를 심어주는 게임 작품을 만들어 봅시다.
- [초시계]를 이용할 수 있습니다.
- [변수]를 이용하여 게임에 필요한 값을 저장할 수 있습니다.
- 나무, 페트병을 복제하여 게임을 만들 수 있습니다.

핵심기능 복제, 변수, 소리 　　　　　레벨 ★★★★★

작품 미리보기　　　QR 코드　링크 주소 : https://youtu.be/2KUF4lmbhUU

작품 계획하기

1단계 ▶ [시작하기 버튼]을 클릭했을 때 초시계가 시작되며 30초 동안 게임을 합니다.

2단계 ▶ [엔트리 봇]은 왼쪽/오른쪽 키를 이용하여 좌우로 움직입니다.

3단계 ▶ 페트병은 위에서 아래로 떨어집니다.

4단계 ▶ [엔트리 봇]에 닿으면 페트병이 수거됩니다. 페트병이 5개 모이면 나무 1그루를 심어줍니다.

 **작품 만들기** ◆ 완성 파일 : 페트병을 주우면 나무를 심어줘요.ent

함께 만드는 강의QR 코드

링크 주소 :
https://youtu.be/AacyiMqNksk

 오브젝트 추가하기

1 [오브젝트 추가하기] 버튼을 클릭하여 [들판(4)], [[묶음]팔 휘젓기 앞모습], [빈 플라스틱병], [나무(6)] 오브젝트를 추가합니다.

2 실행화면에 오브젝트를 원하는 위치에 놓고, 장면을 구성합니다.

변수 추가하기

3 [속성] ➡ [변수] ➡ [변수 추가하기] ➡ [심은 나무 수], [수거된 페트병 수] 변수를 추가합니다.

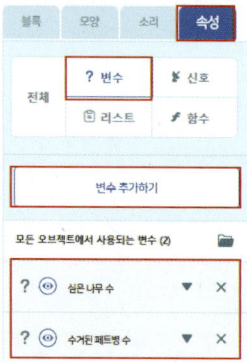

소리 추가하기

4 [나무(6)] 오브젝트를 클릭 한 후 [소리]탭을 선택하여 [와우] 소리를 추가합니다.

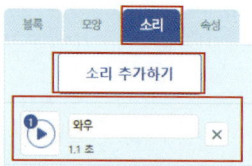

코딩하기

5 [[묶음]팔 휘젓기 앞모습] 오브젝트를 코딩합니다.

[시작하기 버튼]을 클릭했을 때 초시계를 시작하며 게임을 설명합니다.
게임이 시작되면 페트병을 줍기 위해 팔을 휘젓는 모양을 합니다. 게임 시간 30초 이상이 되면 초시계를 멈추고 [심은 나무 수]를 말하며 [모든 코드 멈추기]하여 게임을 종료합니다.

[왼쪽 화살표] 키를 눌렀을 때 왼쪽으로 움직입니다.

[오른쪽 화살표] 키를 눌렀을 때 오른쪽으로 움직입니다.

6 [빈 플라스틱병] 오브젝트를 코딩합니다.

[시작하기 버튼]을 클릭했을 때 모양을 숨기고, 엔트리봇이 게임 설명을 할 3초 동안 기다려 줍니다. [무작위 수] 범위 안의 초 동안 기다린 후 [자신의 복제본]을 만들어 줍니다.

[복제본이 처음 생성되었을 때] 모양이 보이고, 정해진 높이에 [무작위 수] 범위 안의 x좌표값으로 이동한 후 위에서 아래로 떨어집니다.
[팔 휘젓기 앞모습] 오브젝트에 닿으면 [수거된 페트병 수]의 변수 값을 1증가 시키고 복제본을 삭제합니다. [아래쪽 벽]에 닿으면 복제본을 삭제합니다.

Part 03_더 나은 세상을 위한 코딩 **183**

7 [나무(6)] 오브젝트를 코딩합니다.

[시작하기 버튼]을 클릭했을 때 모양을 숨깁니다. 페트병이 5개 모이면 나무 1그루를 심습니다. 페트병 5개가 모이면 [수거된 페트병 수] 변수를 0으로 초기화 시키고 [심은 나무 수] 변수를 1증가 시킵니다. [와우]소리를 재생하고 [자신의 복제본]을 만듭니다.

[복제본이 처음 생성되었을 때] 모양이 보이고, 정해진 높이에 [무작위 수] 범위 안의 x좌표값으로 이동한 후 나무를 심습니다.

🐹 전체 코드

빈 플라스틱병

- 시작하기 버튼을 클릭했을 때
  - 모양 숨기기
  - 3 초 기다리기
  - 계속 반복하기
    - 0.0 부터 1.0 사이의 무작위 수 초 기다리기
    - 자신 의 복제본 만들기

- 복제본이 처음 생성되었을때
  - 모양 보이기
  - x: -200 부터 200 사이의 무작위 수 y: 150 위치로 이동하기
  - 계속 반복하기
    - y 좌표를 -3 만큼 바꾸기
    - 만일 [묶음] 팔 휘젓기 앞모습 에 닿았는가? (이)라면
      - 수거된 페트병 수 에 1 만큼 더하기
      - 이 복제본 삭제하기
    - 만일 아래쪽 벽 에 닿았는가? (이)라면
      - 이 복제본 삭제하기

나무(6)

- 시작하기 버튼을 클릭했을 때
  - 모양 숨기기
  - 계속 반복하기
    - 만일 수거된 페트병 수 값 / 5 의 몫 = 1 (이)라면
      - 수거된 페트병 수 를 0 (으)로 정하기
      - 심은 나무 수 에 1 만큼 더하기
      - 소리 와우 재생하기
      - 자신 의 복제본 만들기

- 복제본이 처음 생성되었을때
  - 모양 보이기
  - x: -200 부터 200 사이의 무작위 수 y: 80 위치로 이동하기

작품 27	AI 음성으로 쓰는 일기장
작품 28	AI 웃으면 복이 와요.
작품 29	AI손인식 로봇뽑기
작품 30	AI 내가 만든 구구단 퀴즈 프로그램
작품 31	AI 나만의 번역 단어장 만들기
작품 32	AI 세계대륙 이름 맞추기
작품 33	AI 소리로 태양 피하기 게임
작품 34	AI 응급처치 챗봇

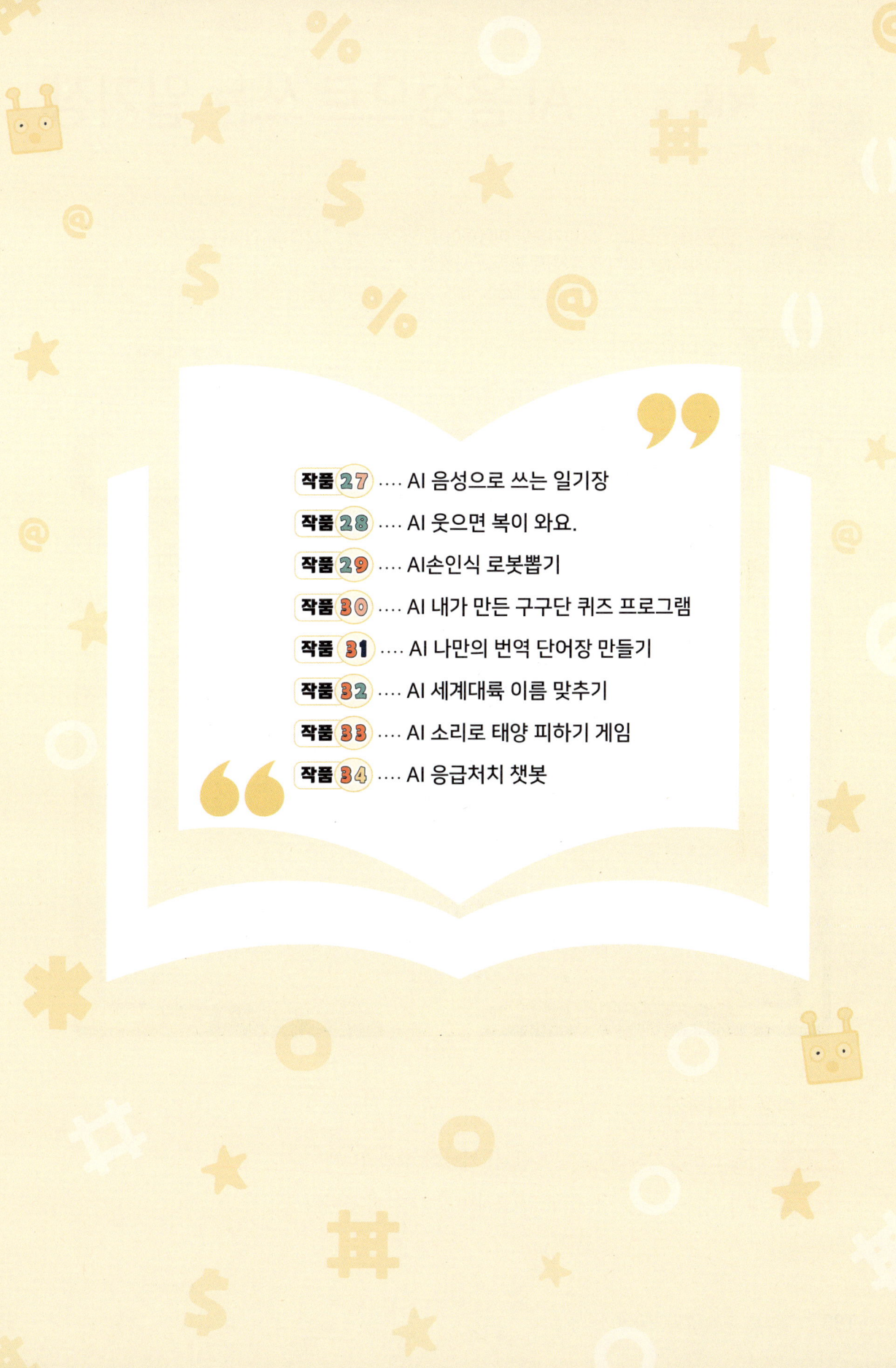

작품 27 AI 음성으로 쓰는 일기장

 **학습 목표**
인공지능 [오디오 감지] 기능을 이용하여 음성으로 쓰는 일기장을 만들어 봅시다.
- 인공지능 [오디오 감지]를 불러와 사용할 수 있습니다.
- [음성을 문자로 바꾼 값]을 [글상자]에 쓸 수 있습니다.

핵심기능 오디오 감지 **레벨** ★★☆☆☆

 작품 미리보기 QR 코드 링크 주소 : https://youtu.be/uYG5uWFTLEY

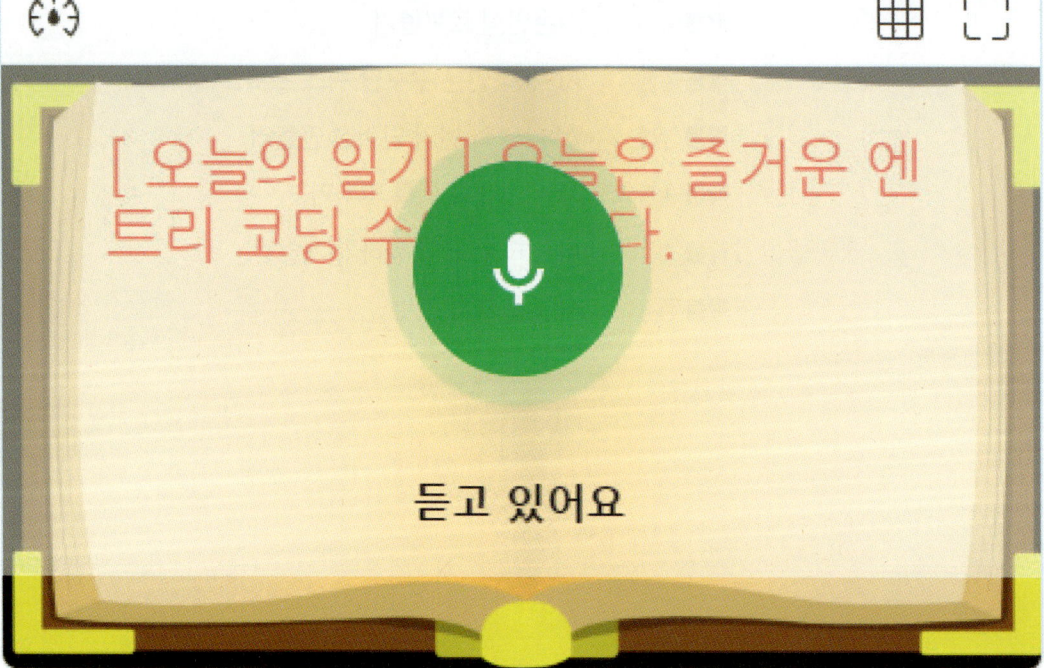

 작품 계획하기

1단계 마우스를 클릭하면 [오디오 감지] 기능이 실행됩니다.

2단계 내가 말하는 것을 텍스트로 변환하여 일기를 써 줍니다.

작품 만들기

◆ 완성 파일 : AI 음성으로 쓰는 일기장.ent

함께 만드는 강의QR 코드

링크 주소 :
https://youtu.be/EwC0eytP0pY

오브젝트 추가하기

1 [오브젝트 추가하기] 버튼을 클릭하여 [책 배경] 오브젝트를 추가합니다.

[오브젝트 추가하기] 버튼을 클릭하여 [글상자]를 추가합니다. 추가하고 왼쪽정렬, 여러줄 쓰기, 글자배경색 없음으로 수정합니다.

2 실행화면에 오브젝트를 원하는 위치에 놓고, 장면을 구성합니다.

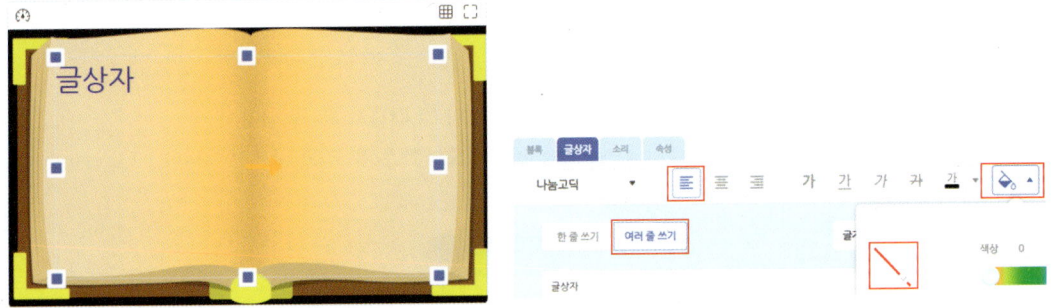

인공지능 기능 추가하기

3 블록의 [인공지능] 탭에서 [인공지능 블록 불러오기]를 클릭하여 [오디오 감지]를 불러옵니다.

더 알고 가요! 오디오 감지

엔트리 인공지능 [오디오 감지] 기능은 네이버가 개발한 인공지능 음성인식기술 '클로바 스피치(CLOVA Speech)'를 활용해서, 마이크로 입력하는 소리를 감지하고, 문자로 바꿀 수 있는 블록입니다.

엔트리 인공지능 오디오 감지 블록 알아보기

마이크가 연결되었는가?	마이크가 연결 되었는지 확인하는 블록입니다. 컴퓨터에 마이크가 연결되어 있다면 참으로, 아니라면 거짓으로 판단하는 블록입니다.
한국어▼ 음성 인식하기	🟢 실행 화면에 목소리를 인식하는 창(음성 인식 창)이 나타납니다. 언어를 선택한 후 마이크에 대고 말한 내용을 인식하는 블록입니다.
음성을 문자로 바꾼 값	음성 인식 창에서 인식한 목소리를 문자로 바꿔주는 블록입니다. 목소리를 입력하지 않았거나, 음성 인식 도중에 오류가 발생한 경우에는 0 을 가져옵니다.
마이크 소리크기	음성 인식 창에서 입력한 소리의 크기를 가져오는 값 블록입니다.

코딩하기

4 [글상자] 오브젝트를 코딩합니다.

[시작하기 버튼을 클릭했을 때] [마이크]가 연결이 될 때까지 기다립니다.
연결이 되면 [글씨색을 빨간색으로 변경]하고 "오늘의 일기"라고 글쓰기 합니다.

[마우스를 클릭했을 때] [한국어 음성 인식하기]를 시작하여 [음성을 문자로 바꾼 값]을 추가 합니다.

🐼 전체 코드

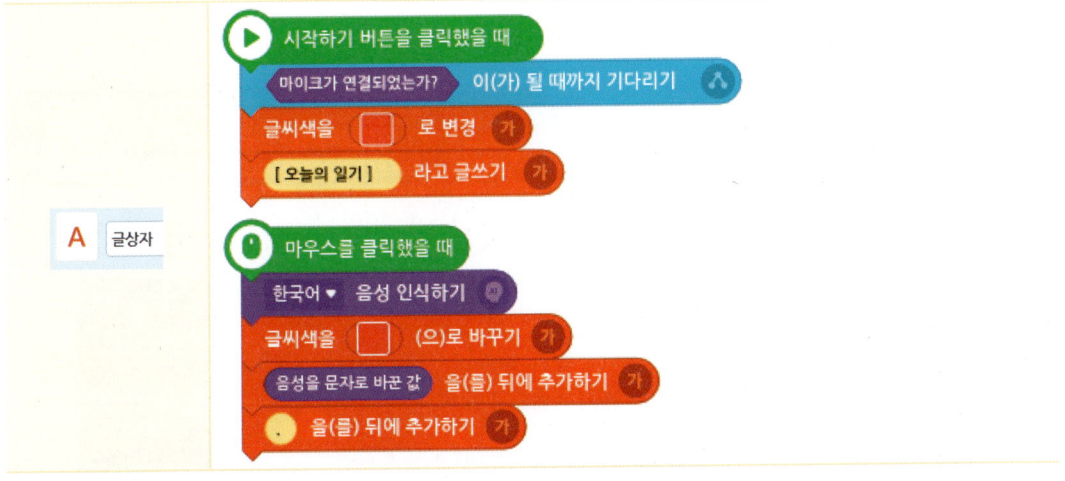

Part 04_나를 위한 인공지능

작품 28 AI 웃으면 복이 와요.

학습목표
인공지능 [비디오 감지]-[얼굴인식] 기능을 이용하여 행복한 표정으로 웃음을 충전하는 작품을 만들어 봅시다.
- 인공지능 [비디오 감지]-[얼굴인식]얼굴인식 기능을 사용할 수 있습니다.
- 실행화면의 x축, y축 좌표를 이해 할 수 있습니다.
- 붓>채우기 시작하기 기능을 활용할 수 있습니다.

| 핵심기능 | 얼굴인식, 좌표, 선택 | 레벨 ★★☆☆☆ |

 **작품 미리보기**   QR 코드   링크 주소 : https://youtu.be/NH43tgnfv5s

작품 계획하기

1단계 [엔트리봇 표정] 오브젝트는 얼굴인식 중 감정의 결과로 이동하도록 합니다.

2단계 "행복"한 감정이 나온 경우 왼쪽으로 이동하여 행복이 충전되는 효과를 줍니다.

3단계 [엔트리봇 표정]이 왼쪽벽에 닿은 경우 모든 코드를 멈춥니다.

 **작품 만들기** ◆ 완성 파일 : 웃으면 복이 와요.ent

함께 만드는
강의QR 코드

링크 주소 :
https://youtu.be/PcfG3de0Cs0

오브젝트 추가하기

1 [오브젝트 추가하기] 버튼을 클릭하여 [엔트리봇 표정],[콘서트 무대]오브젝트를 추가합니다.

엔트리봇 표정   콘서트 무대

인공지능 기능 추가하기

2 블록의 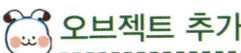 탭에서 [인공지능 블록 불러오기]를 클릭하여[비디오감지]-[얼굴인식]를 불러옵니다.

▶ 비디오 감지

  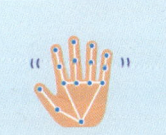 

사람 인식
카메라를 이용하여 사람의 신체를 인식하는 블록들의 모음입니다.

사물 인식
카메라를 이용하여 사물을 인식하는 블록들의 모음입니다.

손 인식
카메라를 이용하여 손을 인식하는 블록들의 모음입니다.

얼굴 인식
카메라를 이용하여 얼굴을 인식하는 블록들의 모음입니다.

 코딩하기

3 [엔트리봇 표정]오브젝트를 코딩합니다.

[시작하기 버튼을 클릭했을 때] 비디오 투명도 효과를 50으로 정하고, 얼굴 인식 기능을 시작합니다.

[얼굴을 인식했을 때] 이벤트가 발생되면 인식된 얼굴의 나이와 성별을 4초동안 말해줍니다.

[얼굴을 인식했을 때] 계속해서 인식된 감정 결과를 말해주며, "행복"한 경우 X좌표를 -50 이동(왼쪽으로 이동)시킵니다. "그리기 시작하기" 기능을 이용하여 행복함이 충전되는 효과를 표시해 줍니다.

엔트리봇 표정

[얼굴을 인식했을 때] 왼쪽벽에 닿은 경우 "행복충전 완료! 웃으면 복이와요"를 말하고, 모든 코드를 멈춥니다.

4 [콘서트 무대]오브젝트를 코딩합니다.

[시작하기 버튼을 클릭했을 때] 투명도 효과를 30으로 정합니다.

전체 코드

작품 29 AI 손인식 로봇뽑기

학습 목표
인공지능 [비디오 감지]-[손 인식] 기능을 이용하여 로봇뽑기 작품을 만들어 봅시다.
- 인공지능 [비디오 감지]-[손 인식]을 불러와 사용할 수 있습니다.
- 인공지능 [비디오 감지]-[손 인식] 블록 기능을 알 수 있습니다.
- 손인식 로봇뽑기 작품을 만들 수 있습니다.

핵심기능 손 인식, 좌표   레벨 ★★☆☆☆

작품 미리보기

QR 코드   링크 주소 : https://youtu.be/X0Cz1nKfn0o

작품 계획하기

1단계▶ 집게는 엄지 손가락 끝의 위치로 이동합니다.

2단계▶ 손의 모양이 [편 손]이면 집게도 펴집니다.

3단계▶ 손의 모양이 [쥔 손]이면 집게가 접힙니다.

4단계▶ 집게가 로봇을 잡으면 로봇이 집게를 따라 움직입니다.

5단계▶ 이동 중 집게가 펴지면 로봇은 아래로 떨어집니다.

6단계▶ 집게로 잡아 온 로봇을 상자에 놓으면 로봇뽑기 성공입니다.

 **작품 만들기**　　　　　◆ 완성 파일 : AI 손인식 로봇뽑기.ent

함께 만드는
강의QR 코드

링크 주소 :
https://youtu.be/JZOdDuEiynw

오브젝트 추가하기

1 [오브젝트 추가하기] 버튼을 클릭하여 [로보트방], [[묶음]열린상자], [[묶음]인형뽑기집게], [만능 로봇] 오브젝트를 추가합니다.

  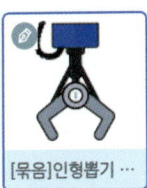 
로보트방　　　[묶음]열린상자　　　[묶음]인형뽑기 …　　　만능 로봇

2 실행화면에 오브젝트를 원하는 위치에 놓고, 장면을 구성합니다.

3 집게가 잡는 표현을 하기 위해 중심점을 집게 사이로 이동합니다.

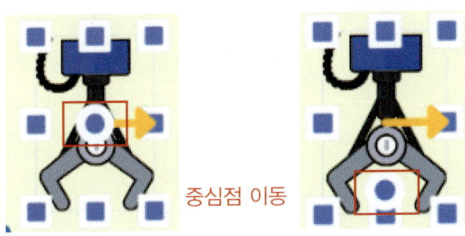
중심점 이동

Part 04_나를 위한 인공지능　197

신호 추가하기

4 [속성] ➡ [신호] ➡ [신호 추가하기] ➡ [잡기], [펴기] 신호를 추가합니다.

인공지능 추가하기

5 블록의 [인공지능] 탭에서 [인공지능 블록 불러오기]를 클릭하여 [비디오 감지]-[손 인식]을 불러옵니다.

 코딩하기

6 [로봇방]오브젝트를 코딩합니다.

[시작하기 버튼을 클릭했을 때] 손 모양을 보기 위해 배경화면의 투명도를 조절합니다. [투명도 효과를 50으로 정하기] 합니다.

7 [[묶음]인형뽑기집게] 오브젝트를 코딩합니다.

[시작하기 버튼을 클릭했을 때] [비디오 투명도 효과를 80으로 정하기]하고, [비디오 화면 보이기], [손 인식 시작하기]를 합니다.

[손을 인식했을 때] 집게는 계속 반복하여 [손의 엄지 끝]으로 이동하며 움직입니다. 손의 모양이 [편 손]이라면 펴진 집게 모양으로 바꾸고, [펴기 신호 보내기]를 합니다. 손의 모양이 [쥔 손]이라면 잡는 집게 모양으로 바꾸고, [잡기 신호 보내기]를 합니다.

Part 04_나를 위한 인공지능 **199**

8 [만능 로봇] 오브젝트를 코딩합니다.

[펴기 신호를 받았을 때]는 집게가 펴진 상황이므로 로봇은 [아래쪽 벽에 닿을 때까지] y좌표를 −10만큼 바꿔주며 떨어지는 효과를 줍니다.

로봇이 열린상자에 닿았을 때 로봇 뽑기 성공이므로 "로봇 뽑기 성공!"을 말하고 [모든 코드 멈추기]를 합니다.

```
[펴기] 신호를 받았을 때
    [아래쪽 벽에 닿았는가?] 이 될 때까지 반복하기
        y 좌표를 -10 만큼 바꾸기
        만일 [묶음]열린상자에 닿았는가? (이)라면
            로봇 뽑기 성공! 을(를) 말하기
            모든 코드 멈추기
```

[잡기 신호를 받았을 때]는 집게가 로봇을 잡은거므로 집게 위치로 이동합니다.

```
[잡기] 신호를 받았을 때
    만일 [묶음]인형뽑기 집게에 닿았는가? (이)라면
        [묶음]인형뽑기 집게 위치로 이동하기
```

전체 코드

작품 30 · AI 내가 만든 구구단 퀴즈 프로그램

학습 목표

인공지능 [오디오 감지], [읽어주기] 기능을 이용하여 구구단 퀴즈 프로그램을 만들어 봅시다.
- 인공지능 [오디오 감지]를 불러와 사용할 수 있습니다.
- 인공지능 [읽어주기]를 불러와 사용할 수 있습니다.
- 구구단 외운 것을 확인할 수 있는 퀴즈 프로그램을 만들 수 있습니다.

핵심기능 오디오 감지, 읽어주기　　　　　　레벨 ★★★☆☆

작품 미리보기

QR 코드　링크 주소 : https://youtu.be/GerJDFlTz2s

 작품 계획하기

1단계 [스페이스]를 누르면 구구단 문제가 랜덤하게 나옵니다.

2단계 맞으면 정답을 축하해줍니다.

3단계 틀리면 속상해 합니다.

 ## 작품 만들기　　　◆ 완성 파일 : AI 내가 만든 구구단 퀴즈 프로그램.ent

함께 만드는 강의QR 코드

링크 주소 : https://youtu.be/23Z1-mv4rFc

오브젝트 추가하기

1 [오브젝트 추가하기] 버튼을 클릭하여 [칠판(2)], [[묶음] 엔트리봇 이모티콘] 오브젝트를 추가합니다.

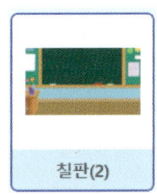 

[오브젝트 추가하기] 버튼을 클릭하여 [글상자]를 추가합니다.

2 실행화면에 오브젝트를 원하는 위치에 놓고, 장면을 구성합니다.

🐼 오브젝트 수정하기

3 [글상자] 오브젝트를 수정합니다.

텍스트 내용은 [내가 만든 구구단 QUIZ 프로그램] 입력, 글자 정렬은 [가운데], 배경색은 [투명], 글씨색은 [노란색]을 선택합니다.

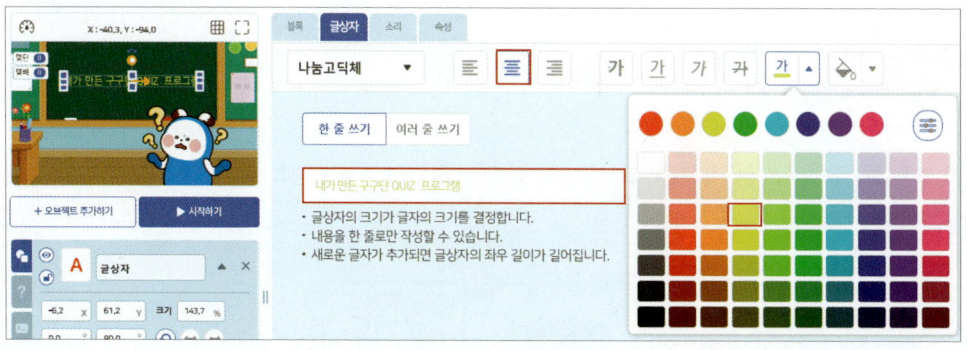

🐼 변수 추가하기

4 [속성]] → [변수]] → [변수 추가하기]] → [몇단], [몇배] 변수를 추가합니다.

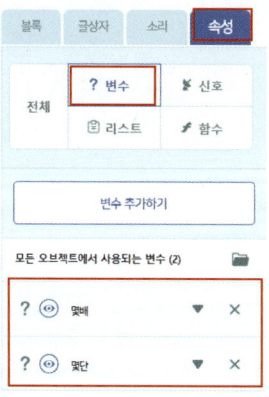

🐼 신호 추가하기

5 [속성]] → [신호]] → [신호 추가하기]] → [정답], [오답] 신호를 추가합니다.

소리 추가하기

6 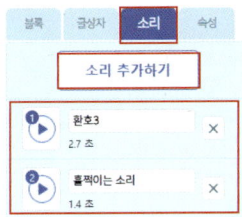 [[뮤음] 엔트리봇 이모티콘] 오브젝트에 [소리]탭을 선택하여 [환호3], [훌쩍이는 소리]를 추가합니다.

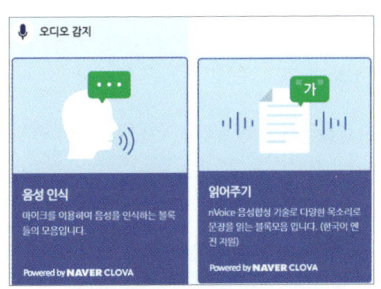

인공지능 기능 추가하기

7 블록 ![인공지능] 탭에서 [인공지능 블록 불러오기]를 클릭하여 [오디오 감지], [읽어주기]를 불러옵니다.

더 알고 가요! 읽어주기

엔트리 인공지능 [읽어주기] 기능은 네이버의 음성합성기술 nVoice를 사용하고 있습니다. 엔트리 음성합성은 컴퓨터를 이용해 사람의 말소리를 인위적으로 합성하는 것입니다. nVoice는 문자음성 사동변환기술 즉 Text To Speech, TTS를 활용하고 있습니다. 텍스트를 입력하면 사람의 목소리로 변환되어 그 문장을 읽어주는 것입니다. 지하철이나 버스를 탈 때마다 들리는 안내 목소리도 바로 TTS로 만든 것입니다.

엔트리 인공지능 [읽어주기] 블록 알아보기

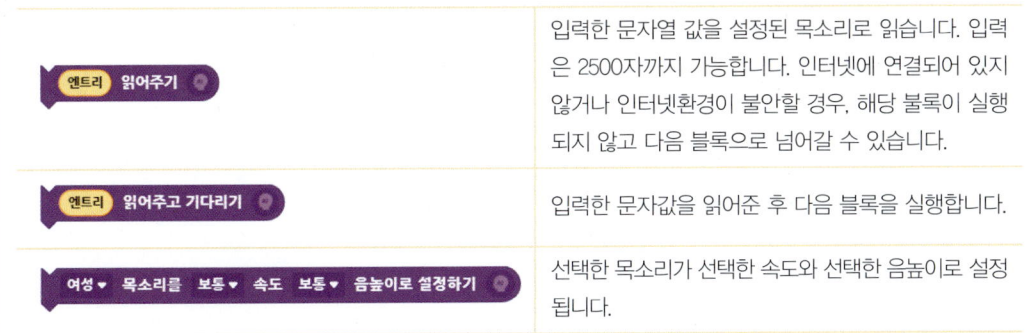

 코딩하기

8 [[묶음] 엔트리봇 이모티콘] 오브젝트를 코딩합니다.

[스페이스 키를 눌렀을 때] [물음표 이모티콘]으로 모양 바꾸기 합니다.

[정답] 신호를 받았을 때 [환호3]소리를 재생하고, [축하해 이모티콘]으로 모양 바꾸기 합니다.

[오답] 신호를 받았을 때 [훌쩍이는 소리]를 재생하고, [속상 이모티콘]으로 모양 바꾸기 합니다.

9 [글상자] 오브젝트를 코딩합니다.

[시작하기 버튼을 클릭했을 때] [마이크]가 연결이 될 때까지 기다립니다. 연결이 되면 "스페이스를 누르고 구구단 문제를 맞춰보세요"라고 읽어주고 기다립니다.

[스페이스 키를 눌렀을 때] 텍스트를 모두 지웁니다. [2~9 사이의 무작위 수]를 [몇단] 변수에 저장합니다. [1~9 사이의 무작위 수]를 [몇배] 변수에 저장합니다. 글상자에 "[몇단] x [몇배] = "라 쓰고 문제를 읽어줍니다.

[한국어 음성 인식하기]로 문제의 답을 받아옵니다. 정답이면 [정답]신호를 보내고 글상자에 [음성을 문자로 바꾼 값]과 "정답"을 추가하기 합니다. 정답이 아니면 [오답] 신호를 보내고 글상자에 [음성 을 문자로 바꾼 값]과 "오답! 다시 도전!!"을 추가하기 합니다.

전체 코드

작품 31 | AI 나만의 번역 단어장만들기

학습 목표
번역 기능을 이용하여 단어장을 등록하고, [확인] 버튼으로 단어 시험도 볼 수 있는 작품을 만들어 봅시다. 프로그램이 종료되어도 등록된 단어가 유지될 수 있도록 만듭니다.
- 인공지능의 번역기능, 읽어주기 기능을 사용할 수 있습니다.
- 서버에 저장되는 리스트를 활용할 수 있습니다.
- 변수와 신호를 사용할 수 있습니다.

핵심기능 번역, 읽어주기, 리스트, 신호, 변수   **레벨** ★★★★☆

 작품 미리보기   QR 코드   링크 주소 : https://youtu.be/9vzCiF650GE

 작품 계획하기

1단계 단어와 번역 결과를 저장할 리스트 2개를 만듭니다. 서버에 저장되도록 설정합니다.

2단계 인공지능의 번역, 읽어주기 기능을 사용하기 위해 블록을 추가합니다.

3단계 [엔트리봇] 오브젝트는 [스페이스키를 눌렀을 때] 번역할 단어를 입력 받고, 번역 결과를 리스트에 저장합니다.

4단계 버튼을 클릭하면 단어장의 내용중 1개를 퀴즈로 만들어서 단어 학습을 합니다.

5단계 학습이 완료된 단어장은 [지우기] 버튼으로 모두 삭제 할 수 있습니다.

 **작품 만들기** ◆ 완성 파일 : AI 나만의 단어장 만들기.ent

함께 만드는 강의QR 코드
링크 주소 : https://youtu.be/Huk-7qnKoYs

오브젝트 추가하기

1 [오브젝트 추가하기] 버튼을 클릭하여 [나의공책], [확인 버튼], [지우개 버튼] 오브젝트를 추가합니다. [엔트리봇] 오브젝트는 삭제하지 않고 사용합니다.

나의공책 　 확인 버튼 　 지우개 버튼 　 (1)엔트리봇

오브젝트 수정하기

2 오브젝트의 크기를 화면에 맞춰 변경합니다.

변수 추가하기

3 [속성] → [변수] → [변수 추가하기] → [선택번호] 변수를 추가합니다.

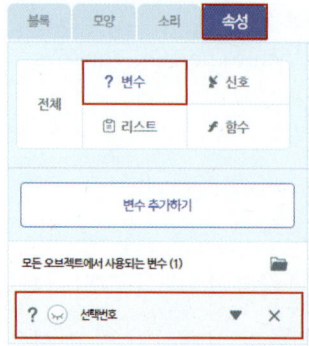

신호 추가하기

4 [속성] → [신호] → [신호 추가하기] → [문제] 신호를 추가합니다.

리스트 추가하기

5 [속성] → [리스트] → [리스트 추가하기] → [단어장-입력], [단어장-번역] 리스트를 추가합니다. 리스트의 [공유리스트로 사용(서버에 저장)] 옵션을 체크합니다.

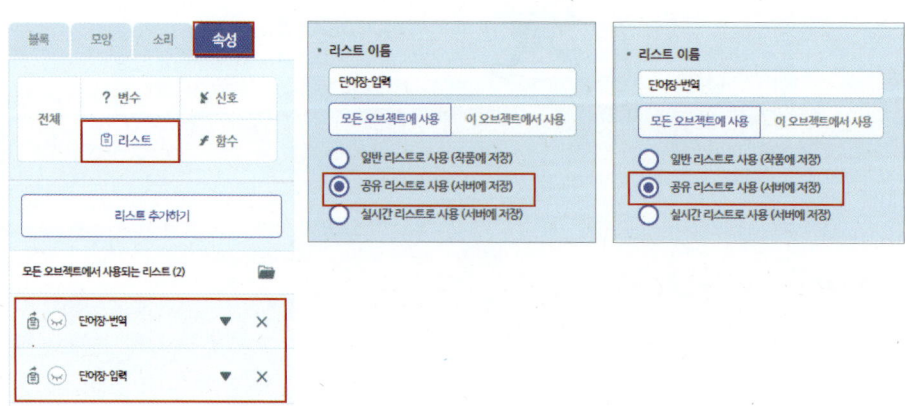

🐹 인공지능 기능 추가하기

6 블록의  탭에서 [인공지능 블록 불러오기]를 클릭하여 [번역], [읽어주기]를 불러옵니다.

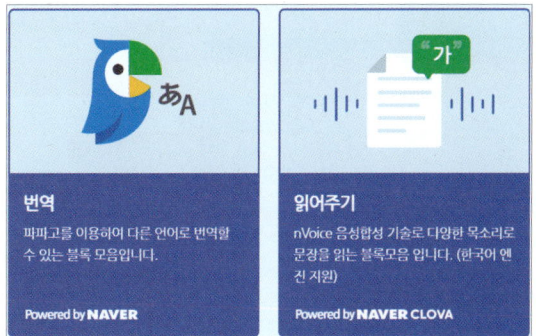

🐹 코딩하기

7 [엔트리봇] 오브젝트를 코딩합니다.

[시작하기 버튼을 클릭했을 때] 사용법을 설명해 줍니다.

[스페이스키를 눌렀을 때] 번역 단어를 입력 받기 위해 [묻고 대답 기다리기] 블록을 사용하고, 입력한 단어는 [단어장-입력]리스트에, 번역한 결과는 [단어장-번역] 리스트에 저장합니다.

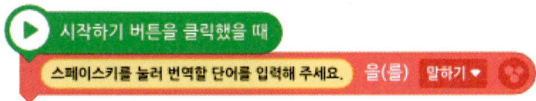

❶ [문제 신호를 받았을 때] 단어장에 단어가 없는 경우 [자신의 코드 멈추기]합니다.
❷ 단어장중 문제를 가져오기 위해 1~[리스트의 항목수] 사이의 무작위한 숫자를 가져와 [선택번호] 변수에 넣고, [단어장-번역] 리스트의에서 선택된 항목의 값을 묻고 기다립니다.
❸ 대답과 [리스트-입력]의 값이 같은 경우 정답이라고 말해주고, 다른 경우 오답이라고 말하고, 학습을 위해 답을 같이 표시해 줍니다.

8 [확인 버튼] 오브젝트를 코딩합니다.

[오브젝트를 클릭했을때] [문제]신호를 보냅니다.

9 [지우개 버튼] 오브젝트를 코딩합니다.

[오브젝트를 클릭했을 때] 단어장의 내용을 모두 삭제합니다.
리스트의 마지막 데이터부터 앞쪽으로 삭제해 나갑니다.

더 알고 가요! 인공지능 → 번역

'네이버 랩스'가 자체 개발한 인공신경망 기반 번역 서비스 '파파고'를 활용해 언어를 번역하는 블록입니다. 인터넷에 연결되지 않았거나 인터넷 환경이 불안정할 경우, '알 수 없는 문장입니다.'를 가져오고 다음 블록으로 넘어갑니다.
내용은 3000자까지 입력이 가능합니다.

🐶 전체 코드

(1)앤트리봇

- 시작하기 버튼을 클릭했을 때
  - 스페이스키를 눌러 번역할 단어를 입력해 주세요. 을(를) 말하기

- 스페이스▼ 키를 눌렀을 때
  - 번역 단어를 입력해 주세요. 을(를) 묻고 대답 기다리기
  - 한국어▼ 대답 을(를) 영어▼ 로 번역하기 을(를) 말하기
  - 한국어▼ 대답 을(를) 영어▼ 로 번역하기 읽어주기
  - 대답 항목을 단어장-입력▼ 에 추가하기
  - 한국어▼ 대답 을(를) 영어▼ 로 번역하기 항목을 단어장-번역▼ 에 추가하기

- 문제▼ 신호를 받았을 때
  - 만일 단어장-입력▼ 항목 수 ≤ 0 (이)라면
    - 단어가 없습니다. 을(를) 말하기▼
    - 자신의▼ 코드 멈추기
  - 선택번호▼ 를 1 부터 단어장-입력▼ 항목 수 사이의 무작위 수 (으)로 정하기
  - 단어장-번역▼ 의 선택번호▼ 값 번째 항목 읽어주기
  - 단어장-번역▼ 의 선택번호▼ 값 번째 항목 을(를) 묻고 대답 기다리기
  - 1 초 기다리기
  - 만일 대답 = 단어장-입력▼ 의 선택번호▼ 값 번째 항목 (이)라면
    - 정답 입니다. 읽어주기
    - 정답 입니다. 을(를) 말하기▼
  - 아니면
    - 오답 입니다. 과(와) 단어장-입력▼ 의 선택번호▼ 값 번째 항목 를 합치기 읽어주기
    - 오답 입니다. 과(와) 단어장-입력▼ 의 선택번호▼ 값 번째 항목 를 합치기 을(를) 말하기▼

확인 버튼

- 오브젝트를 클릭했을 때
  - 문제▼ 신호 보내기

지우개 버튼

- 오브젝트를 클릭했을 때
  - 단어장 내용을 모두 삭제합니다. 을(를) 1 초 동안 말하기▼
  - 단어장-번역▼ 항목 수 = 0 이 될 때까지▼ 반복하기
    - 단어장-번역▼ 항목 수 번째 항목을 단어장-번역▼ 에서 삭제하기
    - 단어장-번역▼ 항목 수 번째 항목을 단어장-입력▼ 에서 삭제하기

작품 32　AI 세계대륙 이름 맞추기

학습 목표
세계대륙의 이름을 직접 말하면서 학습할 수 있는 작품을 만들어 봅시다.
- 인공지능의 [오디오 감지] 기능을 활용할 수 있습니다.
- 인공지능의 [읽어주기] 기능을 활용할 수 있습니다.
- [변수]를 사용하여 프로그램을 제어 할 수 있습니다.

핵심기능　오디오감지, 읽어주기, 변수　　레벨 ★★★☆☆

작품 미리보기

QR 코드　링크 주소 : https://youtu.be/EZsv6wMgHY4

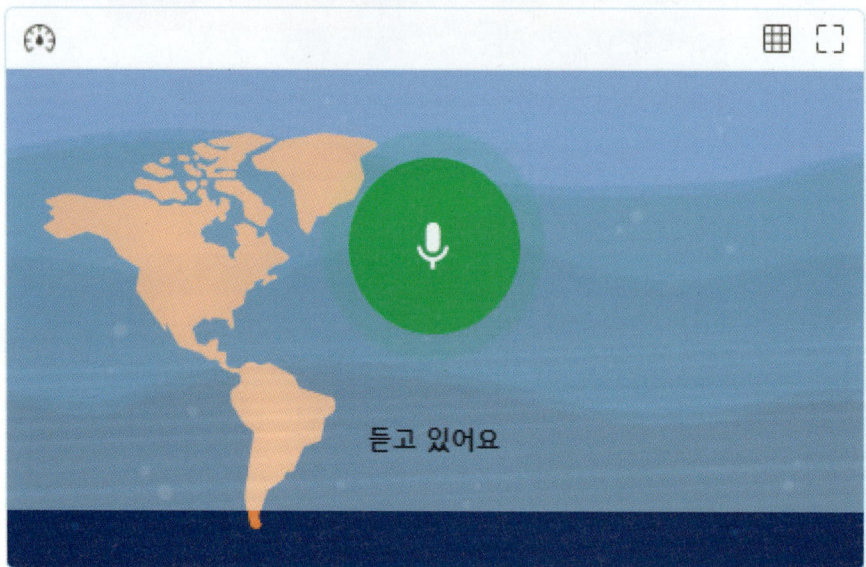

작품 계획하기

1단계 ▶ [시작하기 버튼]을 클릭했을때 사용방법을 말해줍니다. 반복해서 대륙의 모양을 무작위하게 변경해 줍니다.

2단계 ▶ [세계지도-전체] 오브젝트를 클릭했을 때 음성인식을 시작하여 인식된 결과값과 대륙모양 이름을 비교하여 정답 여부를 말해줍니다.

3단계 ▶ 음성 인식 기능을 사용하여 정답을 입력 받을 때, 대륙의 모양이 변화는 문제 해결을 위해 [입력중] 변수를 만들어 정답 입력중 모양이 변하지 않도록 코딩합니다.

 ## 작품 만들기
◈ 완성 파일 : AI 세계대륙 이름 맞추기.ent

함께 만드는 강의QR 코드

링크 주소 :
https://youtu.be/7l225EfJHKE

오브젝트 추가하기

1 [오브젝트 추가하기] 버튼을 클릭하여 [세계지도-전체], [바닷속(1)] 오브젝트를 추가합니다.

오브젝트 수정하기

2 [세계지도-전체] 오브젝트의 크기를 화면에 맞춰 변경합니다.

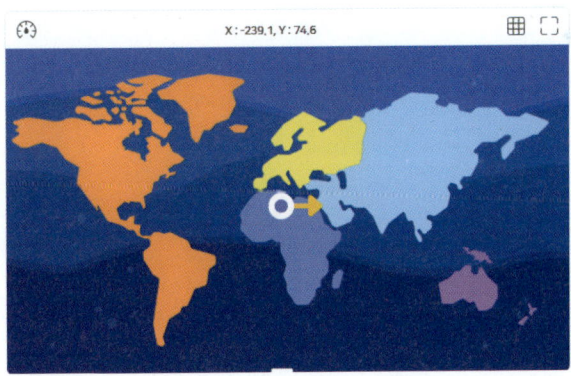

[세계지도-전체] 오브젝트에 대륙별 모양을 추가하기 위해 [모양] → [모양 추가하기] 버튼을 클릭합니다.

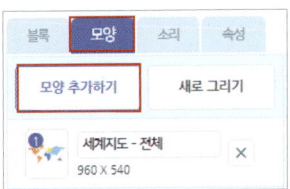

검색창에 [지도]를 검색합니다. [세계지도-아메리카], [세계지도-아시아],[세계지도-아프리카],[세계지도-유럽],[세계지도-오세아니아] 모양를 추가합니다.

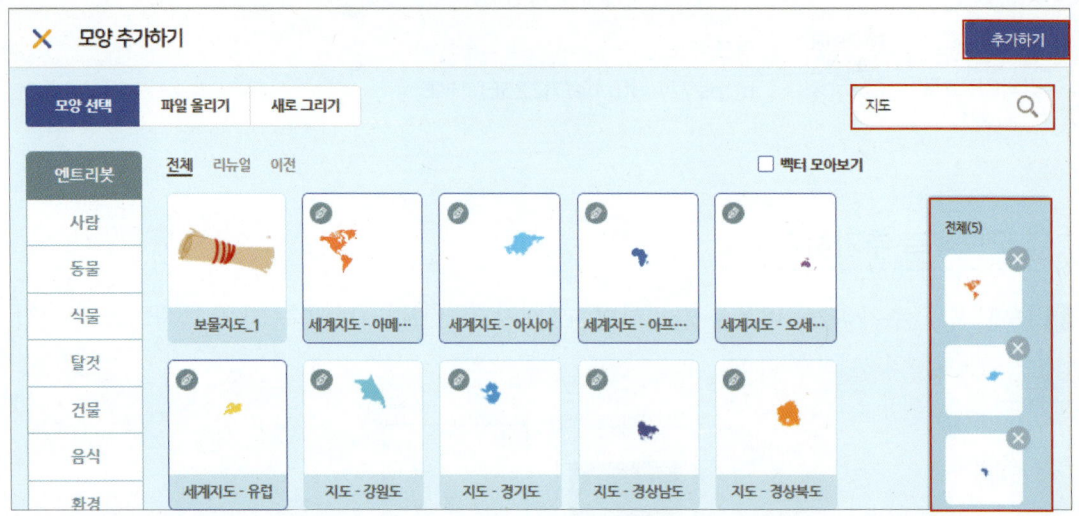

추가된 모양의 이름을 변경합니다. [세계지도-아메리카]를 [아메리카]로 변경합니다.

[세계지도-아시아] ➡ [아시아]

[세계지도-아프리카] ➡ [아프리카]

[세계지도-오세아니아] ➡ [오세아니아]

[세계지도-유럽] ➡ [유럽]

[시계지도-전체] 오브젝트의 추가된 모양과 이름을 확인합니다.

변수 추가하기

3 [속성] ➡ [변수] ➡ [변수 추가하기] ➡ [입력중] 변수를 추가합니다.

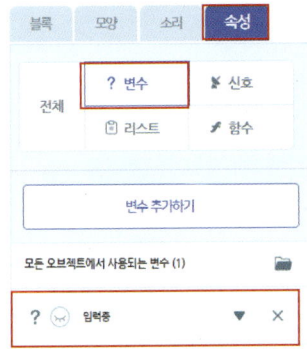

인공지능 기능 추가하기

4 블록의 [인공지능] 탭에서 [인공지능 블록 불러오기]를 클릭하여 [오디오 감지], [읽어주기]를 불러옵니다.

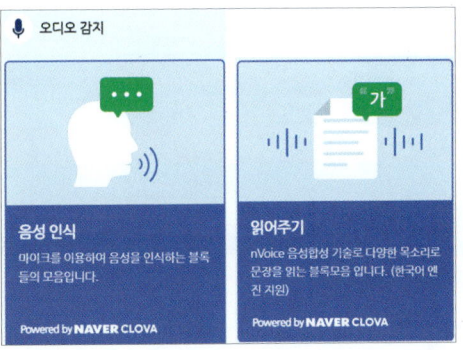

코딩하기

5 [세계지도-전체] 오브젝트를 코딩합니다.

[시작하기 버튼을 클릭했을때] 사용방법을 말해 줍니다. 기본 모양으로 변경하고 모양 변화를 제어하는 [입력중] 변수값을 [거짓]으로 초기화 합니다.

정답을 말하고 있을때는 모양을 바꾸지 않기 위해 변수값을 체크하는 블록을 추가합니다.

[오브젝트를 클릭했을 때] 변수[입력중]을 [참]으로 정합니다.

음성인식을 시작하여 인식된 결과값과 세계지도의 [모양이름]을 비교합니다. 정답인 경우 정답을 읽어주고 말해줍니다. 오답인 경우 틀렸습니다 말해줍니다.

모든 작업이 끝난 후엔 계속해서 대륙의 모양을 변경 할 수 있도록[입력중] 변수값을 [거짓]으로 정해줍니다.

더 알고 가요! 오브젝트 속성값

오브젝트는 여러 가지 속성 정보값을 갖고 있습니다. 그 값을 참조하기 위해서 계산 블록꾸러미의 [세계지도 - 전체의 x 좌푯값]을 활용할 수 있습니다.

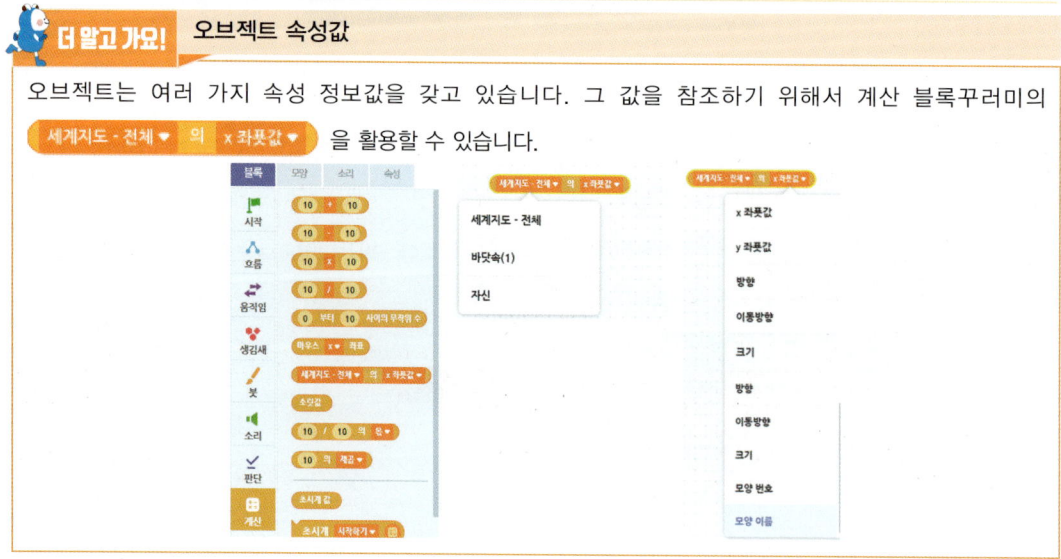

 **전체 코드**

작품 33 — AI 소리로 태양 피하기 게임

학습 목표

마이크 소리 입력값으로 우주인을 움직여서 태양을 피하는 게임을 만들어 봅시다.
- 인공지능의 오디오감지 기능을 사용할 수 있습니다.
- 실행화면의 x축, y축 좌표를 이해 할 수 있습니다.
- 신호를 보내고 받을 수 있습니다.
- 배경의 좌표를 이동시켜 움직이는 작품을 만들 수 있습니다.
- 변수를 이용하여 프로그램 흐름을 제어할 수 있습니다.

핵심기능 오디오감지, 좌표, 변수, 신호

레벨 ★★★★☆

 **작품 미리보기**

 QR 코드 | 링크 주소 : https://youtu.be/i-ROKhUN0OU

작품 계획하기

1단계 [우주인] 오브젝트는 기본적으로 y좌표값을 감소 시켜 떨어지도록 만듭니다. 마이크소리를 입력받아 특정값(3)이상인 경우 점프 할 수 있도록 합니다.

2단계 태양 오브젝트는 복제되어 랜덤하게 나타납니다.

3단계 움직이는 효과를 주기 배경 오브젝트 2개 [우주(2)][우주(2)1]를 만듭니다.

3단계 게임 종료를 표시하는 글상자를 만듭니다.

 **작품 만들기**　　◆ 완성 파일 : AI 소리로 태양 피하기 게임.ent

함께 만드는 강의QR 코드

링크 주소 : https://youtu.be/b5SLVE1EF_o

 오브젝트 추가하기

1 [오브젝트 추가하기] 버튼을 클릭하여 [우주인(1)], [우주(2)], [태양계-태양] 오브젝트를 추가합니다.

오브젝트 리스트에서 복제 기능을 이용하여 오브젝트를 추가합니다.

[우주(2)]를 선택한 후에 오른쪽 마우스 🖱 클릭 합니다. 복제하기 메뉴를 선택하여 추가합니다.

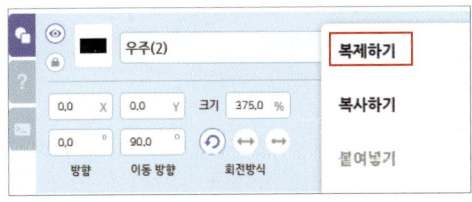 

[오브젝트 추가하기] 버튼을 클릭하여 [글상자]를 추가합니다.

🐶 오브젝트 수정하기

2️⃣ 오브젝트의 크기를 화면에 맞춰 변경합니다. [글상자]의 텍스트 내용을 [게임종료] 입력, 배경색 [투명], 글씨체 [잘난체] 선택합니다.

🐶 변수 추가하기

3️⃣ [속성] ➡ [변수] ➡ [변수 추가하기] ➡ [속도] 변수를 추가합니다.

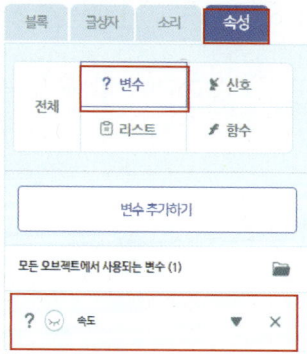

🐶 신호 추가하기

4️⃣ [속성] ➡ [신호] ➡ [신호 추가하기] ➡ [게임종료] 신호를 추가합니다.

인공지능 기능 추가하기

5 블록의 [인공지능] 탭에서 [인공지능 블록 불러오기]를 클릭하여 [오디오 감지]를 불러옵니다.

코딩하기

6 [글상자] 오브젝트를 코딩합니다.

[시작하기 버튼을 클릭했을 때] 모양 숨기기를 합니다.

 글상자

게임종료 신호를 받았을 때 모든 코드를 멈추고, 모양 보이기를 합니다.

7 [우주인(1)] 오브젝트를 코딩합니다.

[시작하기 버튼을 클릭했을 때] 모양을 0.5초 간격으로 바꿔주면서 우주에서 항해하는 효과를 만들어 줍니다.

 우주인(1)

❶ [시작하기 버튼을 클릭했을 때] 속도 변수값에 -0.1을 입력하여 Y좌표값을 감소시키면서 떨어지도록 만듭니다.

❷ 마이크 소리크기를 검사하여 소음이 발생된 경우 Y좌표측으로 떨어지는 속도값을 2로 고정시켜줍니다.
Y좌표값이 떨어지지 않고, 위로 올라 갈수 있도록 2로 변경해줍니다.

❸ 게임 종료 조건을 체크합니다. 장애물인 [태양계-태양] 오브젝트에 닿았거나 [아랫쪽벽]에 닿은 경우 게임 종료 신호를 보냅니다.

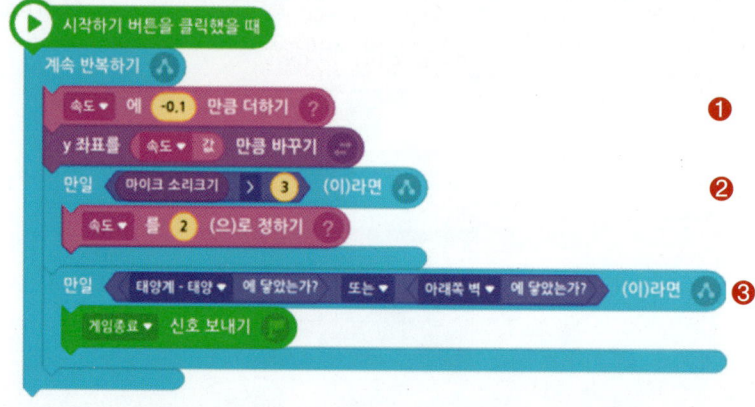

8 [태양계-태양] 오브젝트를 코딩합니다.

[시작하기 버튼을 클릭했을 때] 복제의 원본으로 사용되는 자신은 모양을 숨기고, X좌표 위치로 이동합니다.

1~5초사이의 무작위한 값으로 복제본을 반복해서 만듭니다.

[복제본이 처음 생성되었을 때] 모양 보이기를 시작하고, 랜덤한 높이에서 나타날 수 있도록 Y좌표 위치를 이동합니다.

왼쪽 방향으로 지속적으로 이동 시켜 주며, X좌표값이 화면 밖으로 이동될 때 복제본을 삭제시킵니다.

9 [우주(2)] 오브젝트를 코딩합니다.

[시작하기 버튼을 클릭했을 때] 배경을 왼쪽으로 이동시키기 위해[x좌표]를 -2만큼 바꿔줍니다. x좌표값이 -480보다 작아지면 완전히 화면 밖으로 이동된 것으로 반대편으로 옮기기 위해 [x좌표]를 480으로 이동시킵니다.

10 [우주(2)1]] 오브젝트를 코딩합니다.

[시작하기 버튼을 클릭했을 때] 실행화면에는 보이지 않지만 [x좌표] 480 위치로 이동합니다. 배경을 왼쪽으로 이동시키기 위해 [x좌표]를 -2만큼 바꿔줍니다. x좌표값이 -480이하가 되면 [x좌표] 480으로 이동시킵니다.

전체 코드

A 글상자
- 시작하기 버튼을 클릭했을 때
  - 모양 숨기기
- 게임종료 신호를 받았을 때
  - 모양 보이기
  - 모든 코드 멈추기

우주인(1)
- 시작하기 버튼을 클릭했을 때
  - 계속 반복하기
    - 다음 모양으로 바꾸기
    - 0.5 초 기다리기
- 시작하기 버튼을 클릭했을 때
  - 계속 반복하기
    - 속도에 -0.1 만큼 더하기
    - y 좌표를 속도 값 만큼 바꾸기
    - 만일 마이크 소리크기 > 3 (이)라면
      - 속도를 2 (으)로 정하기
    - 만일 태양계 - 태양에 닿았는가? 또는 아래쪽 벽에 닿았는가? (이)라면
      - 게임종료 신호 보내기

태양계 - 태양
- 시작하기 버튼을 클릭했을 때
  - 모양 숨기기
  - x: 270 y: 0 위치로 이동하기
  - 계속 반복하기
    - 자신의 복제본 만들기
    - 1 부터 5 사이의 무작위 수 초 기다리기
- 복제본이 처음 생성되었을때
  - 모양 보이기
  - y: -100 부터 100 사이의 무작위 수 위치로 이동하기
  - 계속 반복하기
    - x 좌표를 -1 만큼 바꾸기
    - 만일 자신의 x좌푯값 ≤ -270 (이)라면
      - 이 복제본 삭제하기

우주(2)
- 시작하기 버튼을 클릭했을 때
  - 계속 반복하기
    - x 좌표를 -2 만큼 바꾸기
    - 만일 자신의 x좌푯값 ≤ -480 (이)라면
      - x: 480 위치로 이동하기

우주(2)
- 시작하기 버튼을 클릭했을 때
  - x: 480 위치로 이동하기
  - 계속 반복하기
    - x 좌표를 -2 만큼 바꾸기
    - 만일 자신의 x좌푯값 ≤ -480 (이)라면
      - x: 480 위치로 이동하기

작품 34 · AI 응급처치 챗봇

 **학습 목표**
응급처치를 알려주는 챗봇 작품을 만들어 봅니다.
- 인공지능 모델학습 중 텍스트를 분류할 수 있는 모델을 만들 수 있습니다.
- 학습 데이터로 입력한 텍스트를 클래스로 직접 분류하고 학습시키면 새롭게 입력되는 텍스트를 분류할 수 있는 모델을 만들 수 있습니다.
- 확장 블록 [생활안전 국민행동요령] 블록 중 [응급처치]를 이용할 수 있습니다.

핵심기능 확장응급, 텍스트모델학습   **레벨** ★★★★★

작품 미리보기

QR 코드   링크 주소 : https://youtu.be/b_ux7ecKL5U

 **작품 계획하기**

1단계 [응급처치] 텍스트 모델을 직접 만들기 위해 [고열], [화상]에 대한 데이터를 입력하고 학습시킵니다.

2단계 [화상], [고열]과 관련된 증상을 입력하면 [응급처치]텍스트 모델로 분류한 후 결과값으로 [생활안전 국민행동요령] 중 [응급처치] 데이터를 이용하여 응급처치를 알려줍니다.

 **작품 만들기**　　　　　　　　　◈ 완성 파일 : AI 응급처치 챗봇.ent

함께 만드는 강의QR 코드　　링크 주소 :
https://youtu.be/TyPUc4lASO0

오브젝트 추가하기

1 [오브젝트 추가하기] 버튼을 클릭하여 [아름다운 세상_1], [소놀 AI 로봇], [모니터(2)], [병원(2)] 오브젝트를 추가합니다.

   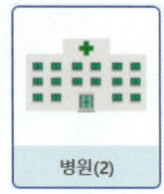

[오브젝트 추가하기] 버튼을 클릭하여 [글상자]를 추가한 후 [응급처치설명]으로 이름바꾸기 합니다.

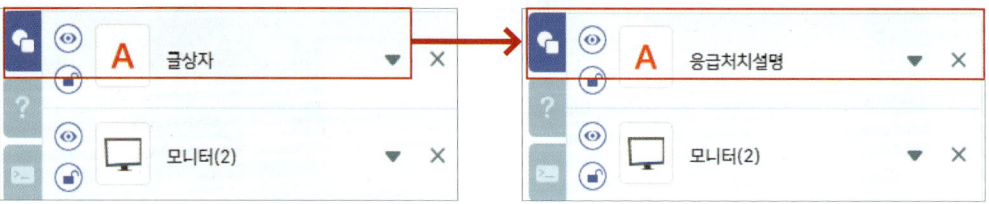

2 실행화면에 오브젝트를 원하는 위치에 놓고, 장면을 구성합니다.

변수 추가하기

3 [속성] ➡ [변수] ➡ [변수 추가하기] ➡ [응급처치방법] 변수를 추가합니다.

확장 블록 추가하기

4 블록 꾸러미를 클릭하여 [확장 블록 불러오기] 버튼을 클릭합니다.
[생활안전 국민행동요령]을 선택한 후 불러오기 버튼을 클릭합니다.

추가된 [생활안전 국민행동요령] 블록을 확인합니다.

인공지능 기능 추가하기

5 블록의 [인공지능] 탭에서 [인공지능 블록 불러오기]를 클릭하여 [오디오 감지]를 불러옵니다.

6 블록의 [인공지능] 탭에서 [인공지능 모델 학습하기]를 클릭하여 [분류:텍스트]를 선택한 후 학습하기를 클릭합니다.

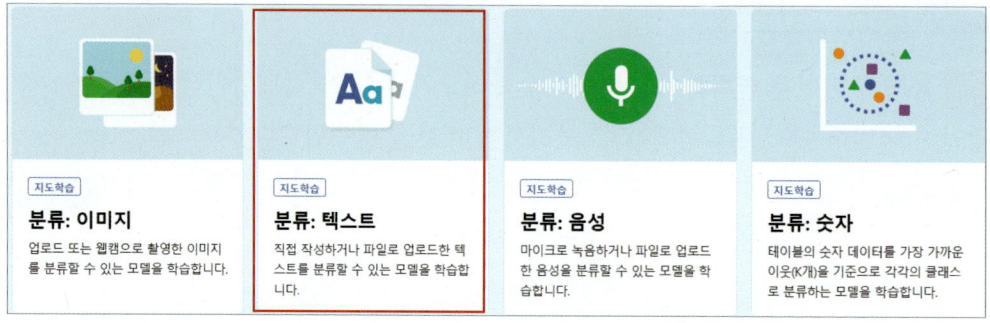

- 분류 : 텍스트 모델명을 "응급처치"라고 정합니다. 모델 클래스로 [화상]과 [고열]를 추가합니다. 클래스에 학습할 데이터를 5개 이상 입력합니다. 각각의 데이터는 쉼표로 구분합니다.

클래스	학습할 데이터
화상	뜨거운 물에 데였다, 불에 데였다, 뚜껑에 데였다, 불이 나서 데였다, 후라이팬에 데였다, 다림질하다 데였다, 디였다
고열	열이 높다, 머리가 뜨겁다, 온몸에서 열이 난다, 이마가 뜨겁다, 펄펄 끓는다, 뜨겁다, 열난다

데이터 입력이 끝났으면 입력한 데이터와 조건으로 [모델 학습하기]를 클릭하여 학습합니다. 학습한 모델의 결과를 확인해 봅니다. [적용하기] 버튼을 클릭하여 모델을 적용시킵니다.

※텍스트의 의미가 아니라 형태가 얼마나 비슷한지를 기준으로 분류하는 모델입니다.

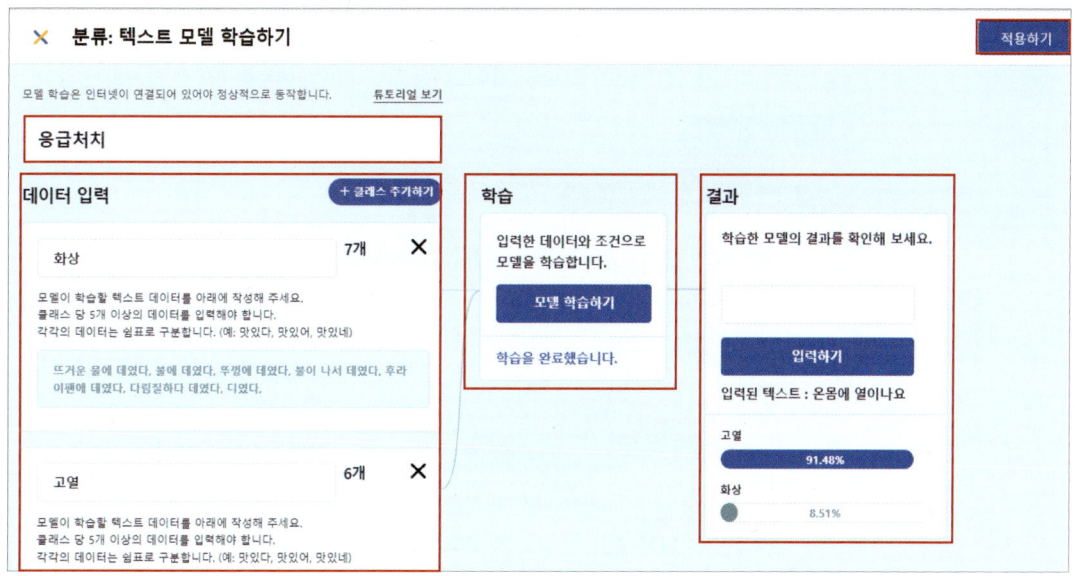

코딩하기

7 [소놀AI로봇] 오브젝트를 코딩합니다.

[시작하기 버튼을 클릭했을 때] 음성 인식을 받기 위한 마이크가 연결될 때까지 기다립니다. [소놀AI로봇_1] 모양으로 바꾸고 챗봇 사용 방법을 말해줍니다.

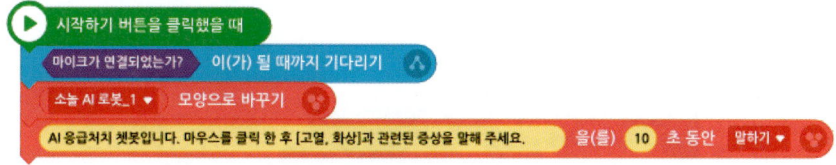

[마우스를 클릭했을 때] 움직이는 챗봇으로 보이기 위해 모양 바꾸기합니다.

8 [응급처치설명] 글상자 오브젝트를 코딩합니다.

[마우스를 클릭했을 때] 텍스트를 모두 지우고, [응급처치방법] 변수를 0으로 초기화 합니다.

[마우스를 클릭했을 때] [음성 인식]을 합니다. [음성을 문자로 바꾼 값]을 받아 학습한 모델로 분류하기 합니다.

[고열에 대한 신뢰도]가 60%이상이면 [확장블록] → [생활안전 국민행동요령] 블록에서 [응급처치_고열예방] 방법을 갖고 와 글쓰기 합니다. 응급처치 방법이 여러 가지가 있으므로 반복하여 글쓰기 합니다.

A 응급처치설명

[화상에 대한 신뢰도]가 60%이상이면 [확장블록] → [생활안전 국민행동요령] 블록에서 [응급처치_화상처치] 방법을 갖고 와 글쓰기 합니다. 응급처치 방법이 여러 가지가 있으므로 반복하여 글쓰기 합니다.

[인공지능 응급처치 텍스트 모델]을 만들 때 [고열], [화상]클래스 2개만 만들었습니다. 하지만 고열, 화상이 아닌 다른 응급처치를 물었을 때 [엔트리 인공지능 텍스트 모델]은 무조건 "텍스트의 의미가 아니라 형태가 비슷한 것"으로 분류해 결과값을 제공해 줍니다. 2개 일 때는 각각 50프로 가까이 신뢰도가 나오고 신뢰도가 더 높게 나온 응급처치를 말해 줄 수 있습니다. 그래서 [고열에 대한 신뢰도]가 60%미만이고 [화상에 대한 신뢰도]가 60%미만이면 "응급처치 방법이 준비되지 않았습니다" 말하기 합니다.

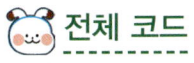 전체 코드

PART 05

사고력 UP 자기주도 게임 만들기

- 작품 35 ···· GAME 고스트를 잡아라
- 작품 36 ···· GAME 세계수도맞추기
- 작품 37 ···· GAME 내가 만든 야구게임
- 작품 38 ···· GAME 과일 핑퐁게임
- 작품 39 ···· GAME 사자성어 이어말하기
- 작품 40 ···· GAME 바이러스퇴치 축구왕

작품 35 · GAME 고스트를 잡아라

학습 목표
시간 제한을 두고 고스트를 잡는 게임 작품을 만들어 봅시다.
- [초시계]를 이용할 수 있습니다.
- [변수]를 이용하여 점수를 저장할 수 있습니다.
- 고스트를 복제하여 사용하고, 상하좌우 움직일 수 있는 게임을 만들 수 있습니다.

| 핵심기능 | 복제, 변수 | 레벨 ★★★★☆ |

작품 미리보기

QR 코드
링크 주소 : https://youtu.be/PtgNE-47xhk

작품 계획하기

1단계 [시작하기 버튼]을 클릭했을 때 초시계가 시작되며 20초 동안 게임을 합니다.

2단계 위/아래/왼쪽/오른쪽 키를 이용하여 상하좌우로 움직입니다.

3단계 고스트는 위에서 아래로 떨어집니다.

4단계 고스트를 양탄자로 잡으면 점수를 +1점 증가시키고, 바닥에 닿으면 -1점 감점합니다.

작품 만들기

◆ 완성 파일 : GAME 고스트를 잡아라.ent

함께 만드는
강의QR 코드

링크 주소 :
https://youtu.be/PtgNE-47xhk

오브젝트 추가하기

1 [오브젝트 추가하기] 버튼을 클릭하여 [노을 무덤], [유령], [마법 양탄자(1)] 오브젝트를 추가합니다.

노을 무덤

유령

마법 양탄자(1)

2 실행화면에 오브젝트를 원하는 위치에 놓고, 장면을 구성합니다.

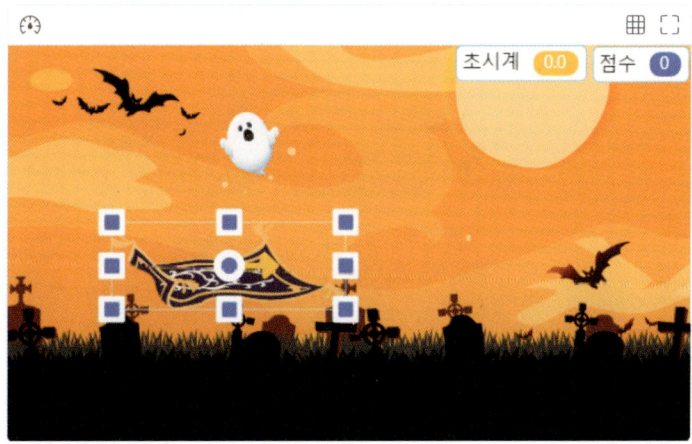

변수 추가하기

3 [속성] ➜ [변수] ➜ [변수 추가하기] ➜ [점수] 변수를 추가합니다.

소리 추가하기

4 [유령] 오브젝트를 클릭한 후 [소리]탭을 선택하여 [전자신호음1], [위험 경고] 소리를 추가합니다.

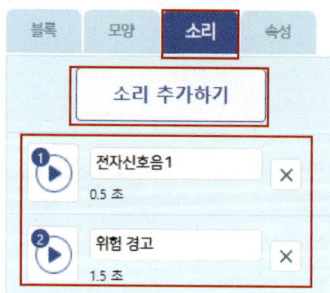

 코딩하기

5 [유령] 오브젝트를 코딩합니다.

[시작하기 버튼]을 클릭했을 때 모양을 숨깁니다. [무작위 수] 범위 안의 초 동안 기다린 후 [자신의 복제본]을 만들어 줍니다.

[복제본이 처음 생성되었을 때] 모양이 보이고, 정해진 높이에 [무작위 수] 범위 안의 x좌표값으로 이동한 후 위에서 아래로 떨어집니다.

[마법 양탄자(1)] 오브젝트에 닿으면 [점수]를 1점 증가시키고 [전자신호음1] 소리를 재생하며 복제본을 삭제합니다. [아래쪽 벽]에 닿으면 [점수]를 1점 감점시키고 [위험 경고] 소리를 재생하며 복제본을 삭제합니다.

6 [마법 양탄자(1)] 오브젝트를 코딩합니다.

[시작하기 버튼]을 클릭했을 때 초시계를 시작하며 게임을 시작합니다.
게임 시간 20초 이상이 되면 초시계를 멈추고 [점수]를 말하며 [모든 코드 멈추기]하여 게임을 종료합니다.

마법 양탄자(1)

[왼쪽 화살표] 키를 눌렀을 때 왼쪽으로 움직입니다.

[오른쪽 화살표] 키를 눌렀을 때 오른쪽으로 움직입니다.

[위쪽 화살표] 키를 눌렀을 때 위쪽으로 움직입니다.

[아래쪽 화살표] 키를 눌렀을 때 아래쪽으로 움직입니다.

🐶 전체 코드

유령

- 시작하기 버튼을 클릭했을 때
- 모양 숨기기
- 계속 반복하기
  - 0.1 부터 1 사이의 무작위 수 초 기다리기
  - 자신▼ 의 복제본 만들기

- 복제본이 처음 생성되었을때
- 모양 보이기
- x: -200 부터 200 사이의 무작위 수 y: 150 위치로 이동하기
- 계속 반복하기
  - y 좌표를 -2 만큼 바꾸기
  - 만일 마법 양탄자(1) ▼ 에 닿았는가? (이)라면
    - 점수▼ 에 1 만큼 더하기
    - 소리 전자신호1 ▼ 재생하기
    - 이 복제본 삭제하기
  - 만일 아래쪽 벽 ▼ 에 닿았는가? (이)라면
    - 점수▼ 에 -1 만큼 더하기
    - 소리 위험 경고 ▼ 0.2 초 재생하기
    - 이 복제본 삭제하기

마법 양탄자(1)

- 시작하기 버튼을 클릭했을 때
- 초시계 시작하기 ▼
- 계속 반복하기
  - 만일 초시계 값 ≥ 20 (이)라면
    - 초시계 정지하기 ▼
    - [GAME OVER] 잡은 고스트 : 과(와) 점수▼ 값 를 합치기 을(를) 말하기 ▼
    - 모든▼ 코드 멈추기

- 왼쪽 화살표 ▼ 키를 눌렀을 때
- x 좌표를 -20 만큼 바꾸기

- 오른쪽 화살표 ▼ 키를 눌렀을 때
- x 좌표를 20 만큼 바꾸기

- 위쪽 화살표 ▼ 키를 눌렀을 때
- y 좌표를 20 만큼 바꾸기

- 아래쪽 화살표 ▼ 키를 눌렀을 때
- y 좌표를 -20 만큼 바꾸기

작품 36 GAME 세계 수도 맞추기

학습 목표
세계 각국의 수도 이름을 맞추는 학습을 할 수 있는 작품을 만들어 봅시다.
- [리스트]를 생성하고 내용을 조회 할 수 있습니다.
- [변수]를 이용하여 리스트의 정보를 조회할 수 있습니다.
- [변수]를 이용하여 점수를 계산할 수 있습니다.

핵심기능 리스트, 변수   **레벨** ★★☆☆☆

작품 미리보기

QR 코드   링크 주소 : https://youtu.be/c3Azmn7Ghw0

작품 계획하기

1단계 나라별 수도 정보를 저장하기 위해 리스트를 만듭니다.

2단계 [나라]리스트에 등록된 이름으로 질문을 만들어 수도 이름을 맞추는 반복 학습을 할 수 있도록 합니다.

 **작품 만들기**　　　◆ 완성 파일 : GAME 세계수도 맞추기.ent

함께 만드는
강의QR 코드　　링크 주소 :
https://youtu.be/5Pkydo0EMNg

오브젝트 추가하기

1 [오브젝트 추가하기] 버튼을 클릭하여 [세계전도] 오브젝트를 추가합니다. 기본 [엔트리봇] 오브젝트를 사용합니다.

변수 추가하기

2 [속성] → [변수] → [변수 추가하기] → [번호], [점수] 변수를 추가합니다. 화면에 변수가 보이지 않도록 숨기기 모양이 보이도록 클릭합니다.

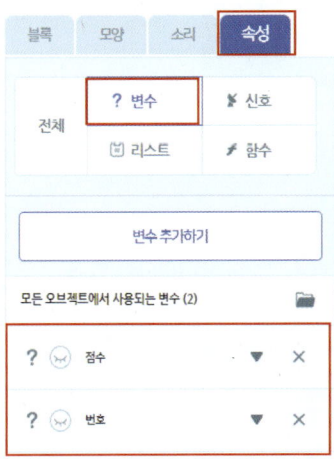

리스트 추가하기

3 [속성] ➡ [리스트] ➡ [리스트 추가하기] ➡ [나라],[수도] 리스트를 추가합니다.

각국의 나라별 수도 정보를 리스트에 직접 입력합니다.

나라와 수도의 순서를 맞춰서 입력해야 합니다.

[수도]리스트는 화면에 보이지 않도록 숨기기 모양이 보이도록 클릭합니다.

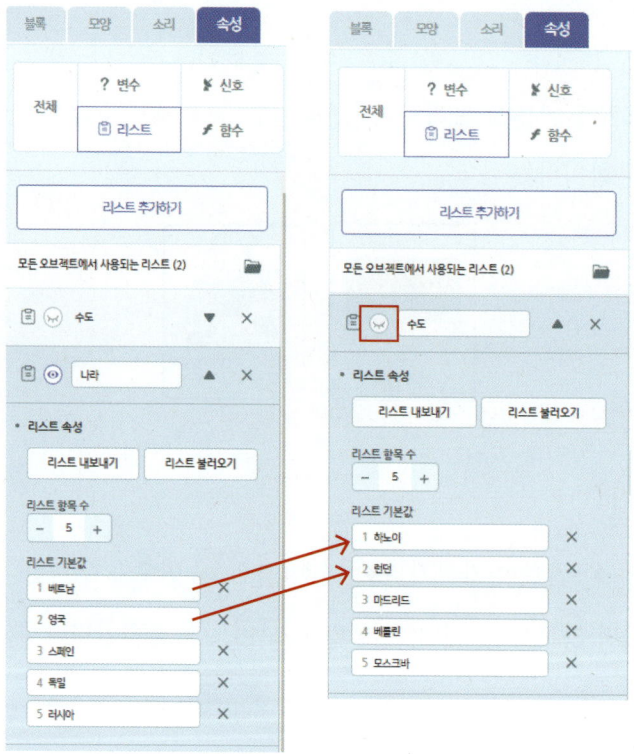

코딩하기

4 [엔트리봇] 오브젝트를 코딩합니다.

[시작하기 버튼을 클릭했을 때] 작품 설명을 말해주며, 리스트를 검색할 변수 [번호]를 1로 정하기, 점수 계산 변수 [점수]를 0으로 정합니다.

[나라]리스트의 항목수만큼 반복하면서 수도 이름을 맞출 수 있도록 묻고 대답하기를 질문합니다. [대답]을 [수도]리스트와 비교하여 결과를 말해주고 정답의 경우 점수를 1만큼 더해줍니다.

모든 문제를 푼 후엔 결과를 표시해 줍니다.

전체 코드

Part 05_사고력 UP 자기주도 게임 만들기

작품 37 · GAME 내가 만든 야구 게임

학습 목표
내가 직접 야구 게임 작품을 만들어 봅시다.
- [변수]를 만들고 사용할 수 있습니다.
- 야구공을 [복제]를 이용하여 만들고 야구공을 던질 수 있습니다.

핵심기능 복제, 변수   레벨 ★★★★☆

 **작품 미리보기**   QR 코드   링크 주소 : https://youtu.be/34VLeKAoBTw

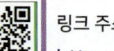 **작품 계획하기**

1단계 [시작하기 버튼]을 클릭했을 때 마우스 포인터의 위치로 공의 방향을 결정합니다.

2단계 [스페이스]를 누르면 공이 복제되어 투수가 공을 던지고 타자는 공을 칩니다.

3단계 야구공은 마우스 포인터의 위치로 날아갑니다.

4단계 타자에 공이 맞으면 [공 맞춘 개수]가 증가하고 공이 임의의 방향으로 날아갑니다.

 **작품 만들기**　　　◆ 완성 파일 : GAME 내가 만든 야구게임.ent

함께 만드는
강의QR 코드　　링크 주소 :
https://youtu.be/dAgtQ3QWYjA

오브젝트 추가하기

1 [오브젝트 추가하기] 버튼을 클릭하여 [야구장], [타자], [투수(3)], [야구공], [속이빈원] 오브젝트를 추가합니다.

2 실행화면에 오브젝트를 원하는 위치에 놓고, 장면을 구성합니다.

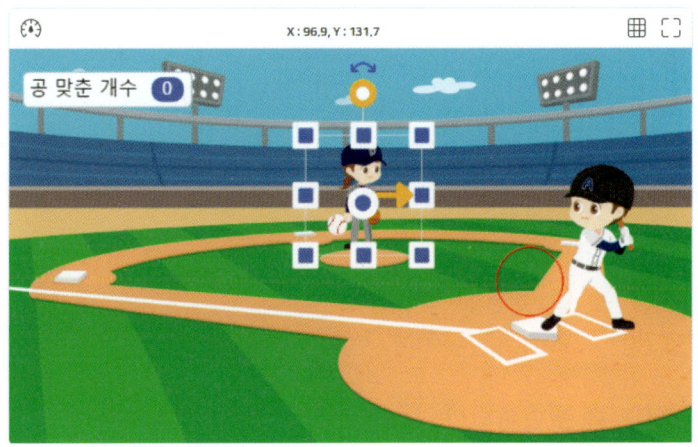

🐶 변수 추가하기

3 [속성] ➜ [변수] ➜ [변수 추가하기] ➜ [공 맞춘 개수] 변수를 추가합니다.

🐶 소리 추가하기

4 [야구공] 오브젝트를 클릭 한 후 [소리]탭을 선택하여 [전자신호음2] 소리를 추가합니다.

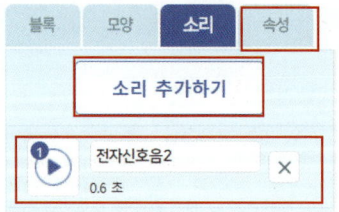

🐶 코딩하기

5 [속이빈원] 오브젝트를 코딩합니다.

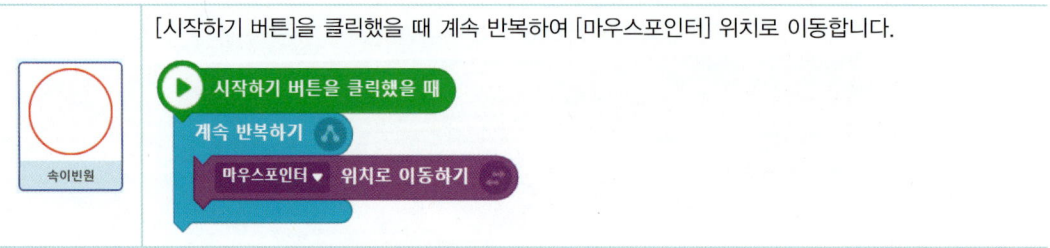

6 [투수(3)] 오브젝트를 코딩합니다.

[시작하기 버튼]을 클릭했을 때 투수의 모양을 [투수(3)_1] 모양으로 바꿉니다.

[스페이스]키를 눌렀을 때 투수가 [야구공] 복제본을 만들고 타자에게 던지는 모션을 표현합니다.

7 [타자] 오브젝트를 코딩합니다.

[시작하기 버튼]을 클릭했을 때 타자의 모양을 [타자_1] 모양으로 바꿉니다.

[스페이스]키를 눌렀을 때 타자가 야구공을 치는 모션을 표현합니다.
[0.1 부터 0.4 사이의 무작위 수]로 타자의 움직임 시간 변화를 줍니다.

8 [야구공] 오브젝트를 코딩합니다.

[시작하기 버튼]을 클릭했을 때 공의 모양을 숨기고 [투수(3)]의 위치로 이동해 놓습니다.

[복제본이 처음 생성되었을 때] 야구공의 모양이 보이고 [마우스포인터]위치로 이동합니다. [마우스포인터]에 닿으면 복제본을 삭제합니다.

[복제본이 처음 생성되었을 때] 야구공이 타자에 닿았는지 계속 체크합니다. 타자에 닿았을 때는 [전자신호음2] 소리를 내고, [공맞춘 개수]를 1만큼 증가시킵니다. 방망이에 맞아 야구공이 이동하는 것처럼 [30~300 사이의 무작위 수]만큼 회전하며 이동 방향으로 날아갑니다.

🐶 전체 코드

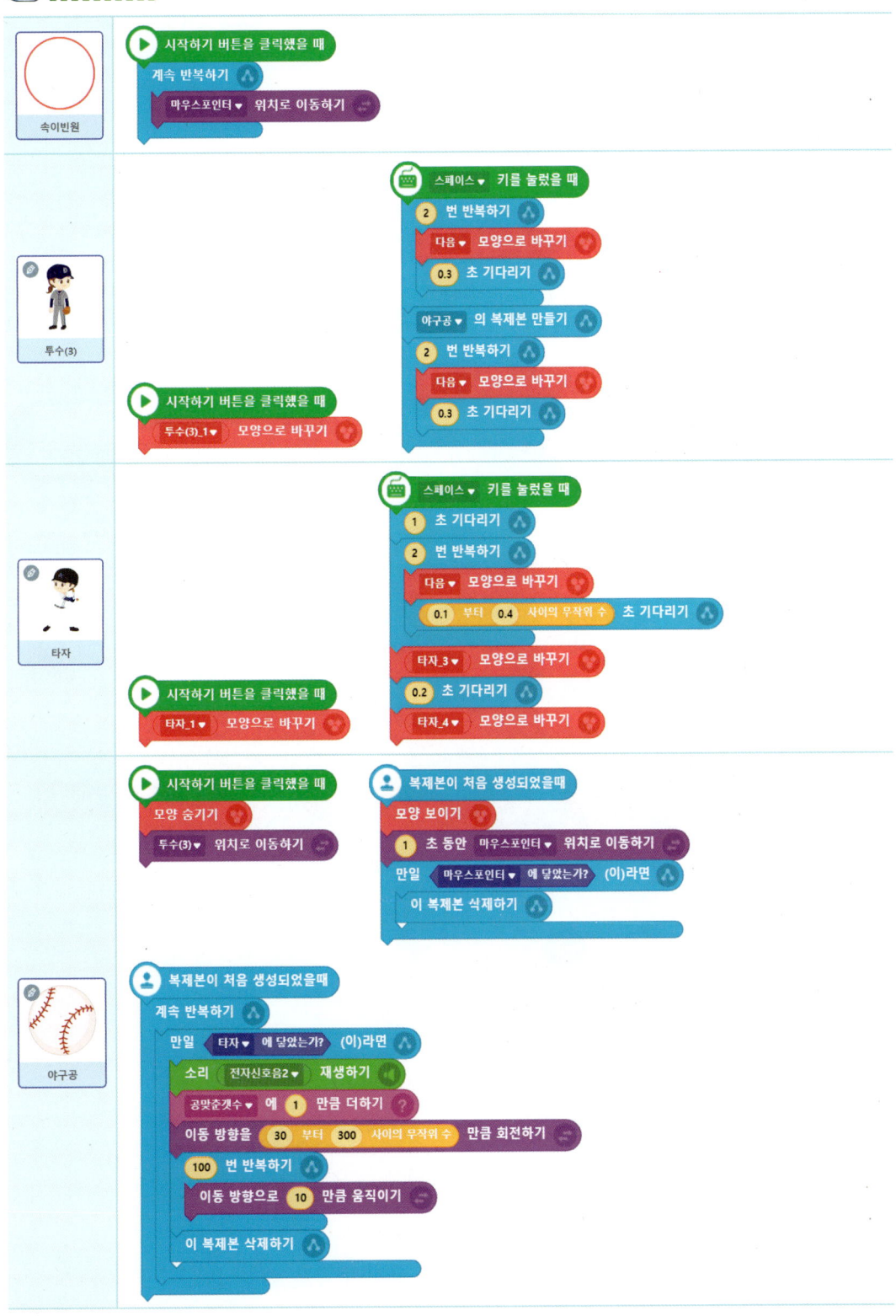

작품 38   GAME 과일 핑퐁 게임

학습 목표

시간 제한, 게임 종료 규칙을 정하고 핑퐁 게임 작품을 만들어 봅시다.
- 게임의 규칙을 정할 수 있습니다.
- [초시계]를 이용할 수 있습니다
- [변수]를 이용하여 점수를 저장할 수 있습니다.
- 과일을 [복제]하여 사용하고, 판을 좌우로 움직여 공을 튕길 수 있습니다.

핵심기능   복제, 변수   레벨 ★★★★★

작품 미리보기

 QR 코드   링크 주소 : https://youtu.be/MymqUZdm2SM

🐶 작품 계획하기

1단계 ▶ 게임 규칙은 게임 시간은 20초, 공이 바닥에 닿으면 바로 종료합니다.

2단계 ▶ 바나나, 딸기는 시작될 때 정해진 위치에 복제하여 과일을 만듭니다.

3단계 ▶ 왼쪽, 오른쪽 키를 이용하여 좌우로 판을 움직여 공을 튕깁니다.

4단계 ▶ 공이 바나나에 닿으면 +2점, 딸기에 닿으면 +1점을 획득합니다.

 **작품 만들기** ◆ 완성 파일 : GAME 과일 핑퐁 게임.ent

함께 만드는 강의QR 코드 링크 주소 : https://youtu.be/_9ZuWVvh8g4

오브젝트 추가하기

1️⃣ [오브젝트 추가하기] 버튼을 클릭하여 [구름 세상], [딸기], [바나나(1)], [판], [원] 오브젝트를 추가합니다.

   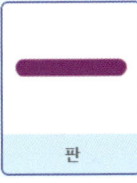 

오브젝트 수정하기

2️⃣ 실행화면에 오브젝트를 원하는 위치에 놓고, 장면을 구성합니다.

변수 추가하기

3 [속성] ➡ [변수] ➡ [변수 추가하기] ➡ [점수] 변수를 추가합니다.

소리 추가하기

4 [딸기] 오브젝트를 클릭한 후 [소리]탭을 선택하여 [또이] 소리를 추가합니다.

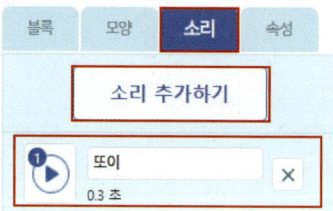

5 [바나나] 오브젝트를 클릭한 후 [소리]탭을 선택하여 [전자신호음2] 소리를 추가합니다.

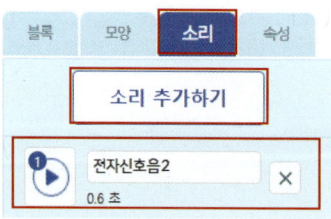

 코딩하기

6 [딸기] 오브젝트를 코딩합니다.

[시작하기 버튼]을 클릭했을 때 시작 위치와 크기를 정해 줍니다.
원본 딸기 오브젝트를 복제하여 1줄에 10개씩 2줄의 딸기를 생성하겠습니다.
첫 줄은 시작 위치에서 딸기의 x좌표를 바꿔주며 복제본 10개를 만듭니다. 두 번째 줄의 딸기는 원본 딸기를 아래로 이동한 후 딸기의 x좌표를 바꿔주며 복제본 10개를 만듭니다.

[복제본이 처음 생성되었을 때] 계속 반복하여 [원] 오브젝트에 닿는지 체크합니다. 닿았다면 [점수]를 +1점 증가시키고 [또이] 소리를 재생하며 복제본을 삭제합니다

7 [바나나(1)] 오브젝트를 코딩합니다.

[시작하기 버튼]을 클릭했을 때 시작 위치와 크기를 정해 줍니다.
원본 바나나 오브젝트를 복제하여 1줄에 6개씩 2줄의 바나나를 생성하겠습니다.
첫 줄은 시작 위치에서 바나나의 x좌표를 바꿔주며 복제본 6개를 만듭니다. 두 번째 줄의 바나나는 원본 바나나를 아래로 이동한 후 바나나의 x좌표를 바꿔주며 복제본 6개를 만듭니다.

[복제본이 처음 생성되었을 때] 계속 반복하여 [원] 오브젝트에 닿는지 체크합니다. 닿았다면 [점수]를 +2점 증가시키고 [전자신호음2] 소리를 재생하며 복제본을 삭제합니다.

8 [판] 오브젝트를 코딩합니다.

[시작하기 버튼]을 클릭했을 때 초시계를 시작하며 게임을 시작합니다.

게임 시간 20초 이상이 되면 초시계를 멈추고 [점수]를 말하며 [모든 코드 멈추기]하여 게임을 종료합니다.

[시작하기 버튼]을 클릭했을 때 [왼쪽 화살표] 키를 눌렀을 때 왼쪽으로 이동합니다. [오른쪽 화살표] 키를 눌렀을 때 오른쪽으로 이동합니다.

9 [원] 오브젝트를 코딩합니다.

[시작하기 버튼]을 클릭했을 때 바나나, 딸기가 생성되는 시간 동안 1초 기다려 줍니다. 원의 방향을 [무작위 수]를 이용하여 임의 값으로 정하고 계속 움직이며 화면 끝에 닿으면 튕기기 합니다.
[판] 오브젝트에 닿으면 방향을 [무작위 수]를 이용하여 임의 값으로 정합니다. 바닥에 닿으면 게임을 종료하게 계획했으므로 [아래쪽 벽]에 닿으면 [점수]를 말하며 [모든 코드 멈추기]하여 게임을 종료합니다.

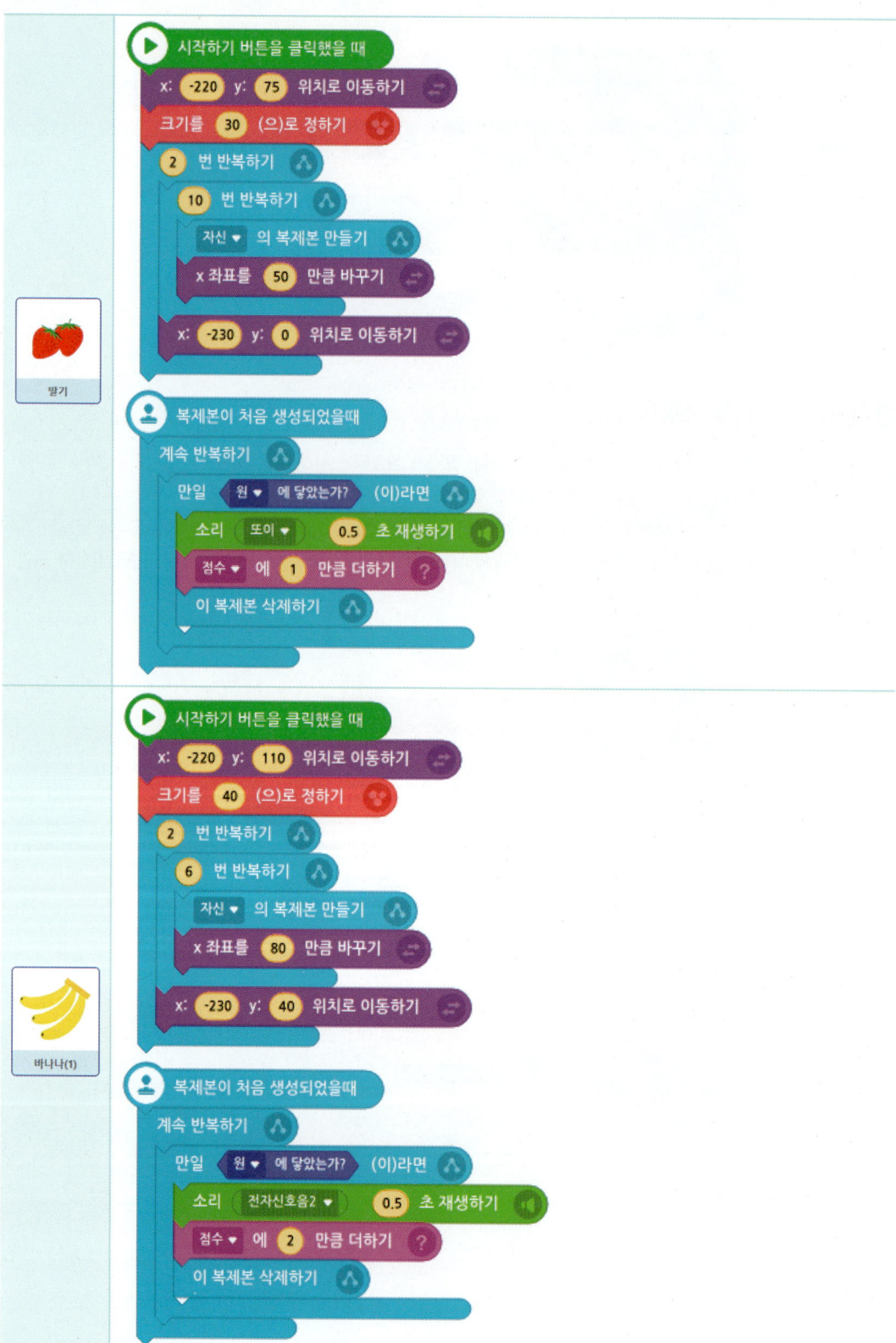

판

```
시작하기 버튼을 클릭했을 때
초시계 시작하기
계속 반복하기
  만일 <초시계 값 ≥ 20> (이)라면
    초시계 정지하기
    [Time Over] 획득 점수: 과(와) 점수 값 를 합치기 을(를) 말하기
    모든 코드 멈추기
```

```
시작하기 버튼을 클릭했을 때
계속 반복하기
  만일 <왼쪽 화살표 키가 눌러져 있는가?> (이)라면
    x 좌표를 -10 만큼 바꾸기
  만일 <오른쪽 화살표 키가 눌러져 있는가?> (이)라면
    x 좌표를 10 만큼 바꾸기
```

원

```
시작하기 버튼을 클릭했을 때
1 초 기다리기
방향을 -70 부터 70 사이의 무작위 수 (으)로 정하기
계속 반복하기
  이동 방향으로 4 만큼 움직이기
  화면 끝에 닿으면 튕기기
  만일 <판 에 닿았는가?> (이)라면
    방향을 -70 부터 70 사이의 무작위 수 (으)로 정하기
  만일 <아래쪽 벽 에 닿았는가?> (이)라면
    초시계 정지하기
    [바닥에 떨어짐! GAME OVER] 획득 점수: 과(와) 점수 값 를 합치기 을(를) 말하기
    모든 코드 멈추기
```

작품 39 GAME 사자성어 이어말하기

> **학습 목표**
> 사자성어 이어만들기 게임을 만들어 사자성어를 학습할 수 있는 작품을 만들어 봅시다.
> - 테이타분석의 테이블을 직접 제작하며 테이블의 내용을 조회, 수정할 수 있습니다.
> - 신호와 변수를 설정할 수 있습니다.

핵심기능 신호, 데이터 분석   레벨 ★★★★☆

작품 미리보기

QR 코드   링크 주소 : https://youtu.be/wHM8HySHfYE

작품 계획하기

1단계 ▶ 사자성어 데이터를 작성할 [테이터분석-테이블]을 작성합니다.

2단계 ▶ 화면에는 문제로 제공될 사자성어의 앞 2글자를 보여주고, 나머지 2글자를 맞출 수 있도록 구성합니다.

3단계 ▶ [묻고 대답 기다리기]를 통해 받은 [대답]을 정답과 비교하여 결과를 말해줍니다.

 **작품 만들기** ◆ 완성 파일 : GAME 사자성어 이어말하기.ent

함께 만드는
강의 QR 코드

링크 주소 :
https://youtu.be/9Hc38g32I8Y

오브젝트 추가하기

1 [오브젝트 추가하기] 버튼을 클릭하여 [지도], [체크상자] 2개를 오브젝트를 추가합니다. 체크상자, 체크상자1으로 추가됩니다.

[오브젝트 추가하기] 버튼을 클릭하여 [글상자] 4개를 추가합니다.

오브젝트 수정하기

2 오브젝트를 원하는 위치에 놓고, 글상자의 내용을 입력하여 장면을 구성합니다.

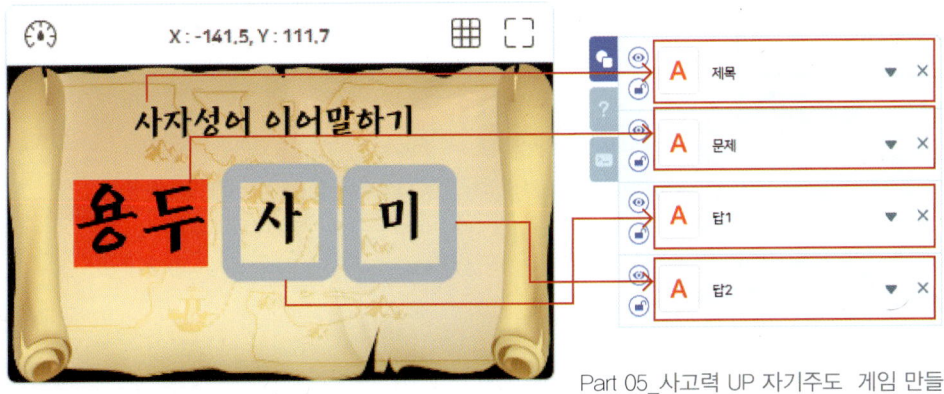

[글상자]의 이름을 [제목]으로 변경하고, 텍스트 내용은 [사자성어 이어말하기] 입력, 배경색 [투명], 글씨체 [산돌목각] 선택합니다.

※글상자 제목은 기본적으로 지정하지 않음.

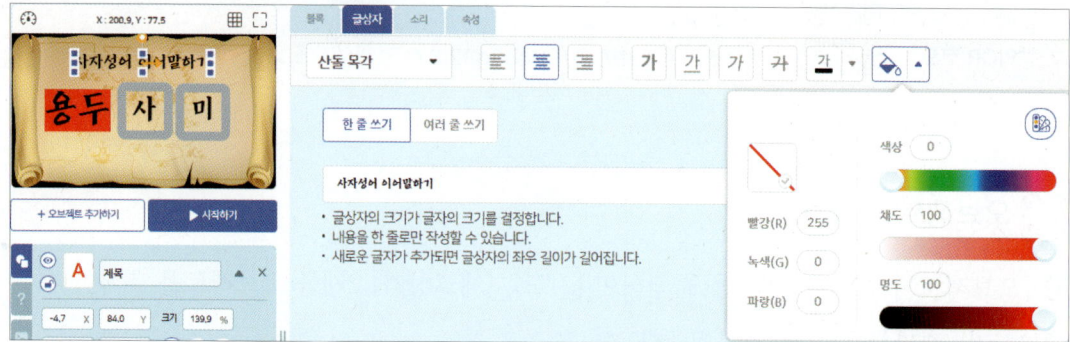

[글상자]의 이름을 [문제]로 변경하고, [용두] 입력, 배경색 [투명], 글씨체 [산돌목각] 선택합니다.

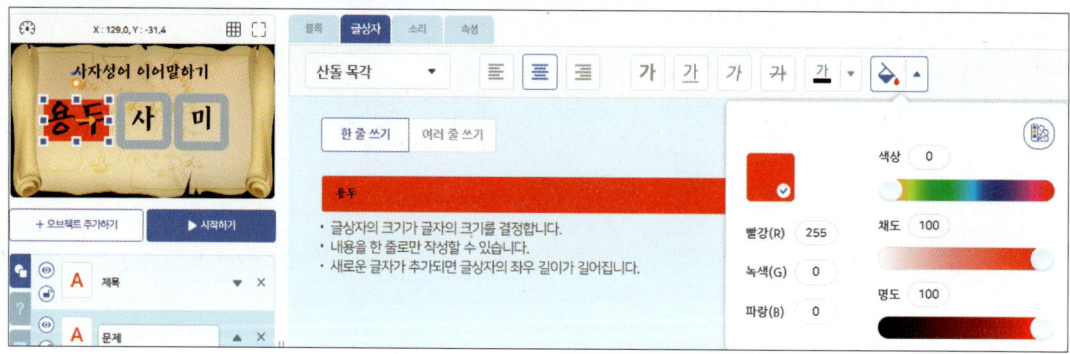

[글상자]의 이름을 [답1]으로 변경하고, [사] 입력, 배경색 [투명], 글씨체 [산돌목각] 선택합니다.

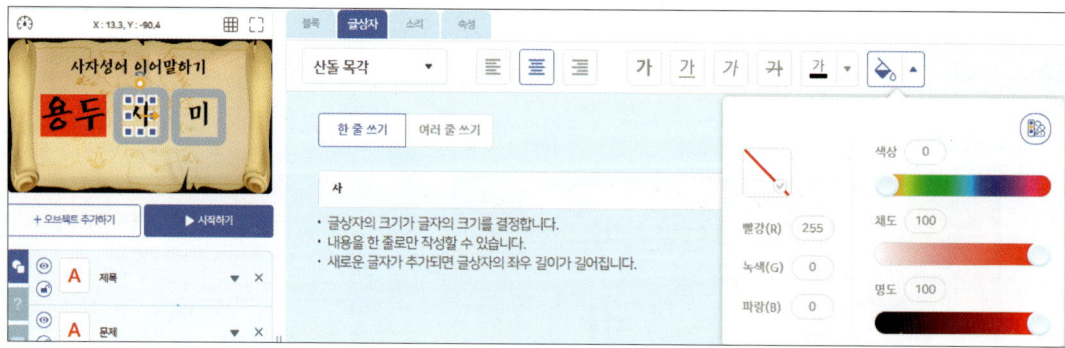

[글상자]의 이름을 [답2]로 변경하고, [미] 입력, 배경색 [투명], 글씨체 [산돌목각] 선택합니다.

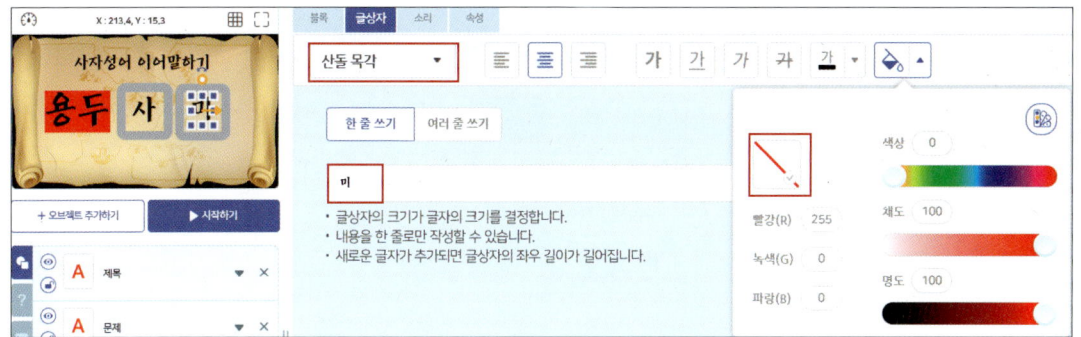

변수 추가하기

3. [속성] ➡ [변수] ➡ [변수 추가하기] ➡ [선택문제] 변수를 추가합니다.

신호 추가하기

4. [속성] ➡ [신호] ➡ [신호 추가하기] ➡ [시작],[정답] 신호를 추가합니다.

🐼 소리 추가하기

5  [문제] 글상자 오브젝트에 [소리]탭을 선택하여 [와우] 소리를 추가합니다.

🐼 테이블 만들기

6 사자성어를 저장할 테이블을 만들어 봅니다. 블록의 [데이터분석] 탭에서 [테이블 불러오기]를 클릭합니다.

[테이블 추가하기] 버튼을 눌러 테이블을 추가합니다.

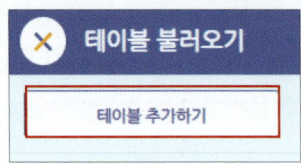

[새로 만들기] 탭으로 이동하여 [추가] 버튼을 눌러 새로운 테이블을 추가합니다.

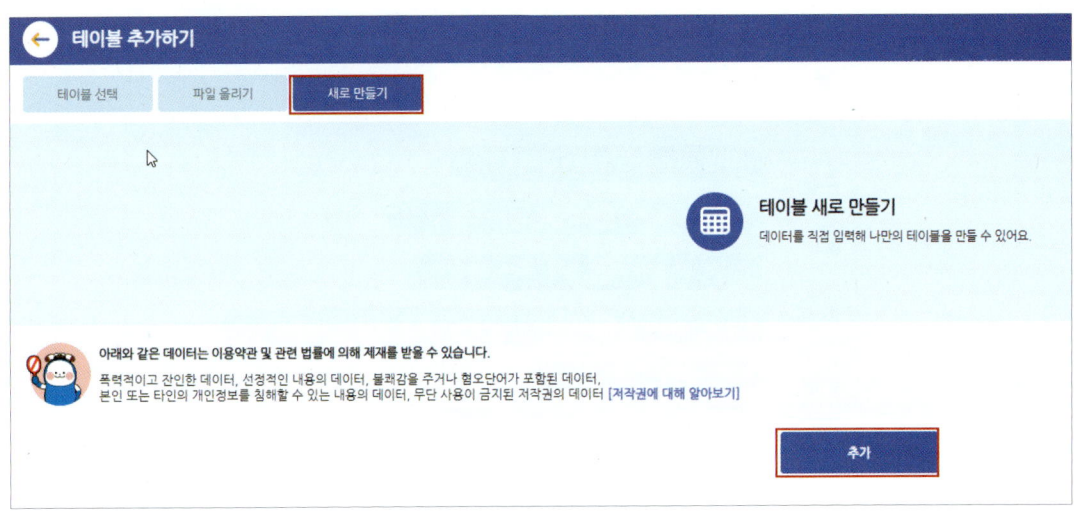

테이블의 이름을 [사자성어]로 입력하고, A열에는 문제가 될 앞 2글자, B열에는 정답을 비교할 2글자를 입력하여 사자성어를 입력합니다.

[저장하기] 버튼을 클릭 한 후에 [적용하기] 버튼을 클릭합니다.

[테이터분석]탭에 방금 추가한 테이블이 생성되었습니다.

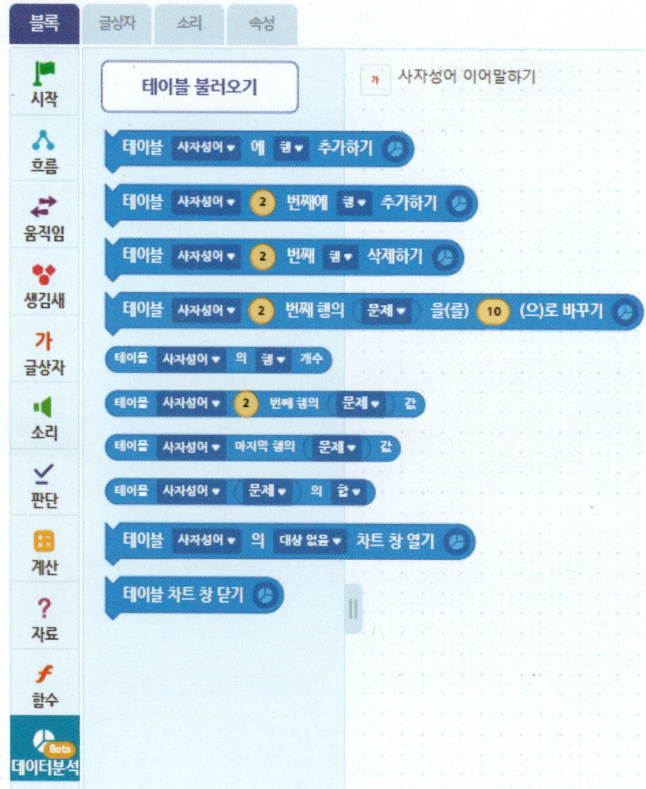

코딩하기

7 [문제] 글상자 오브젝트를 코딩합니다.

❶ 시작하기 버튼을 클릭했을 때 [사자성어]테이블에서 랜덤하게 문제를 가져와 [선택문제] 변수에 저장합니다. 첫 번째 행에는 [문제],[정답] 레이블이 들어 있기 때문에 2부터 테이블의 행 개수 사이의 무작위 수를 가져옵니다.
❷ [시작] 신호를 보냅니다.
　[시작] 신호를 받은 [답1]과 [답2] 글상자 오브젝트는 문제가 출제될때는 ?를 표시해줍니다. 문제 글상자에 문제정보를 표시해 주고, 답을 입력 받기 위해서 [묻고 대답 기다리기] 블록을 추가합니다.
❸ [사자성어]테이블의 정답값과 사용자가 입력한 [대답]값이 같은 경우 [정답]신호를 보내고 소리를 재생합니다. 다른 경우 오답이라고 말해줍니다.

8 [답1] 글상자 오브젝트를 코딩합니다.

[시작] 신호를 받았을 때 글상자에 [?]를 표시해줍니다.

[정답] 신호를 받았을 때 [사자성어]테이블의 [정답]컬럼의 첫 번째 글자를 표시해줍니다.

9 [답2] 글상자 오브젝트를 코딩합니다.

[시작] 신호를 받았을 때 글상자에 [?]를 표시해줍니다.

[정답] 신호를 받았을 때 [사자성어]테이블의 [정답]컬럼의 두번째 글자를 표시해줍니다.

Part 05_사고력 UP 자기주도 게임 만들기

전체 코드

A 문제

시작하기 버튼을 클릭했을 때
계속 반복하기
　선택문제▼ 를 2 부터 테이블 사자성어▼ 의 행▼ 개수 사이의 무작위 수 (으)로 정하기
　시작▼ 신호 보내기
　테이블 사자성어▼ 선택문제▼ 값 번째 행의 문제▼ 값 라고 글쓰기
　사자성어 이어 말하기 을(를) 묻고 대답 기다리기
　만일 대답 = 테이블 사자성어▼ 선택문제▼ 값 번째 행의 정답▼ 값 (이)라면
　　정답▼ 신호 보내기
　　소리 와우▼ 재생하기
　　정답 을(를) 4 초 동안 말하기
　아니면
　　오답 을(를) 4 초 동안 말하기

A 답1

시작▼ 신호를 받았을 때
? 라고 글쓰기

정답▼ 신호를 받았을 때
테이블 사자성어▼ 선택문제▼ 값 번째 행의 정답▼ 값 의 1 번째 글자 라고 글쓰기

A 답2

시작▼ 신호를 받았을 때
? 라고 글쓰기

정답▼ 신호를 받았을 때
테이블 사자성어▼ 선택문제▼ 값 번째 행의 정답▼ 값 의 2 번째 글자 라고 글쓰기

작품 40 GAME 바이러스 퇴치하는 축구왕

학습 목표
바이러스 이겨내기 위한 슈팅 연습을 하는 게임을 만들어 봅시다.
- [신호]를 보내고 받을 수 있습니다.
- [복제] 기능을 사용할 수 있습니다.

핵심기능 복제, 신호, 소리   레벨 ★★★★★

 **작품 미리보기** QR 코드 링크 주소 : https://youtu.be/h4ecDK1sNic

 작품 계획하기

1단계 [축구선수] 오브젝트는 화면 중앙에 위치하며, 움직이지 않고 방향만 마우스 포인터쪽을 바라봅니다.

2단계 [축구공] 오브젝트는 [시작하기 버튼을 클릭했을때] 축구선수 위치로 이동해 있고, [스페이스키]를 눌렀을 때 복제본을 생성하여 축구선수와 같은 방향으로 발사 될 수 있도록 방향을 이동시키고, 이동방향으로 움직입니다.

3단계 [행성(3)] 오브젝트는 랜덤한 위치에서 복제본을 만들어서 축구 선수 쪽으로 이동합니다. [축구선수]에 닿으면 게임이 종료되고 [축구공]에 닿으면 파괴되는 효과를 보여줍니다.

4단계 [게임종료]글상자는 [게임종료]신호를 받으면 모양을 보여주고 모든 코드를 중지시킵니다.

 작품 만들기　　◆ 완성 파일 : GAME 바이러스 퇴치하는 축구왕.ent

함께 만드는
강의QR 코드

링크 주소 :
https://youtu.be/Ow3oeCGQ_6E

오브젝트 추가하기

1 [오브젝트 추가하기] 버튼을 클릭하여 [잔디밭],[축구선수],[축구공], [행성(3)] 오브젝트를 추가합니다. [엔트리봇]은 삭제합니다.

[오브젝트 추가하기] 버튼을 클릭하여 [글상자]를 추가합니다.

오브젝트 수정하기

2 [축구선수]오브젝트의 모양을 상하반전 버튼을 클릭해서 뒤집어 줍니다.
축구공이 이동하는 시작 위치를 다리쪽으로 하기 위해서 이미지를 뒤집어줍니다.

[축구선수]오브젝트 모양 3개를 모두 수정하여 내용을 저장합니다.

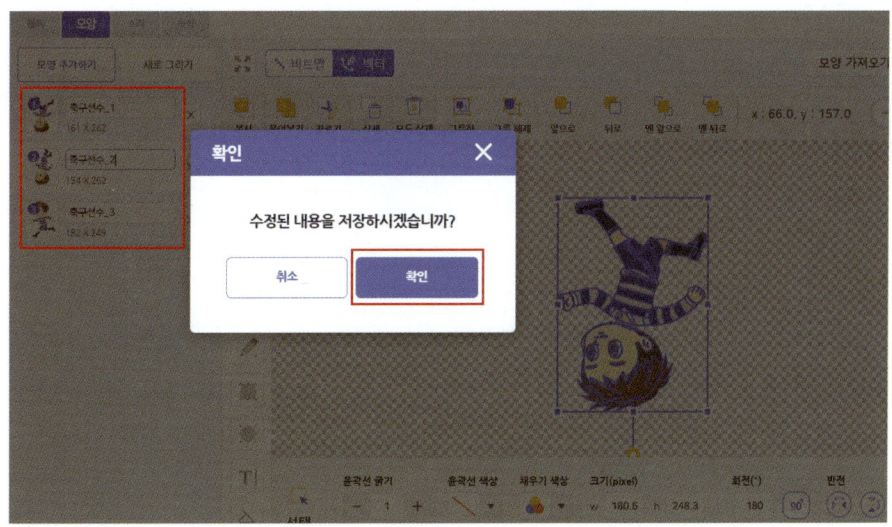

[글상자]의 텍스트 내용은 [게임종료] 입력, 배경색 [투명], 글씨체 [잘난체] 선택합니다.

🐼 신호 추가하기

3 [속성] ➡ [신호] ➡ [신호 추가하기] ➡ [게임종료] 신호를 추가합니다.

🐶 소리 추가하기

④  [행성] 오브젝트를 클릭 한 후 [소리]탭을 선택하여 [별빛 터지는],[당신은 누구십니까?] 소리를 추가합니다.

🐶 코딩하기

⑤ [글상자] 오브젝트를 코딩합니다.

[시작하기 버튼을 클릭했을때] 모양을 숨깁니다.

[게임종료 신호를 받았을때] 모양을 보이고, 모든 코드를 멈춥니다.

⑥ [축구선수] 오브젝트를 코딩합니다.

[시작하기 버튼을 클릭했을때] 화면 중앙에 위치시키고, 크기를 50으로 정합니다. 움직이지 않고 방향만 마우스 포인터쪽을 바라보도록 합니다.

[시작하기 버튼을 클릭했을때] 달리는 효과를 주기 위해 모양을 0.5초 간격으로 바꿔줍니다.

7 [축구공] 오브젝트를 코딩합니다.

[시작하기 버튼을 클릭했을때] 복제를 위한 원본은 모양을 숨깁니다. 크기를 20으로 정하고 [축구선수] 오브젝트에서 출발할 수 있도록 위치를 이동시킵니다.

[스페이스 키를 눌렀을때] 복제를 시작합니다.

[복제본이 처음 생성되었을 때] 복제된 오브젝트를 보이기 합니다. 이동방향을 0으로 초기화 한 후, 축구선수와 같은 방향으로 회전 시키고, 반복해서 이동방향으로 이동합니다.
[벽에 닿았는가?] 결과가 참인 경우, 복제본을 삭제합니다.

8 [행성(3)] 오브젝트를 코딩합니다.

[시작하기 버튼을 클릭했을 때] 배경 음악[당신은 누구십니까?]를 재생하고, 복제의 원본은 모양을 숨깁니다.
복제본이 생길 랜덤한 위치로 이동하고 2에서 2.5초 사이의 무작위한 주기로 복제본을 만듭니다.

[복제본이 처음 생성되었을때] 회전효과를 위해 [방향을 1도만큼 회전하기] 블록을 추가합니다. [축구선수에 닿은 경우]게임 종료 신호를 보냅니다. [축구공에 닿은 경우] 효과음을 재생하고 모양을 바꿔줍니다.그리고 복제본을 삭제시킵니다.

[복제본이 처음 생성되었을때] 축구선수쪽으로 위치를 이동시킵니다.

전체 코드

함께 보면 좋은 추천 도서

만들면서 배우는
40개의 엔트리 게임 + 인공지능 게임
전진아, 김수연 공저
316쪽 | 17,700원

만들면서 배우는
인공지능 엔트리와 40개의 작품들[2판]
김수연, 전진아, 김종렬, 장문철 공저
328쪽 | 18,000원

모두가 할 수 있는
앱 인벤터로 11개 인공지능 앱 만들기 [2판]
박지숙, 김수연, 전진아, 김종렬, 장문철 공저
236쪽 | 14,500원

만들면서 배우는
아두이노 IoT 사물인터넷과 40개의 작품들 [2판]
기초 작품부터 다양한 사물인터넷 및 인공지능 작품 만들기까지

장문철 저 | 406쪽 | 23,500원

함께 보면 좋은 추천 도서

만들면서 배우는
마이크로비트 IoT 사물인터넷 정복
27까지 작품 만들기
이연곤 저 | 334쪽 | 18,800원

한 권으로 끝내는
아두이노와 파이썬으로 52개 작품 만들기 [2판]

장문철, 박준원 공저 | 432쪽 | 22,000원

블루투스와 와이파이 통신을 이용한
아두이노와 앱인벤터 입문+실전 (종합편)
기초부터 인공지능, 스마트자동차, 스마트홈 등 수준 높은 프로젝트까지
장문철 저 | 324쪽 | 20,000원

한 권으로 끝내는
아두이노 입문+실전(종합편) [5판]
기초부터 수준 높은 프로젝트까지
서민우 저 | 406쪽 | 20,000원

한 권으로 끝내는
엔트리와 40개의 작품들 수업 신청

zoom을 이용한 [온라인 유료] 수업입니다.

QR 코드를 스캔해서 정보를 입력해 주시면 수업 신청을 할 수 있습니다.

수업 전 준비 사항

1. zoom 접속하여 강의를 들을 핸드폰 or 노트북 or 테블릿 PC 중 하나를 준비합니다.
2. 엔트리 실습 할 PC, 마우스를 준비합니다.
3. 마이크가 달린 이어폰을 준비합니다.
4. 교재(한 권으로 끝내는 엔트리와 40개의 작품들 (전진아, 김수연 공저 앤써북))